Las Mujeres y yo

Hebert Gutiérrez Morales

Las Mujeres y yo

ISBN: 979-835-899-392-1

Índice

Introducción____5

"Las promotoras del machismo"_____________________9
 17 de Septiembre del 2011

"¿En qué momento?"__________________________21
24 de Septiembre del 2011

"Las Mujeres"_______________________________31
Dos de Noviembre del 2011

"¿Las Mujeres me quieren Misógino? Así parece"___34
26 de Octubre del 2012

"La madre soltera"__________________________44
16 de Noviembre del 2012

"Lealtad inconsciente"______________________50
18 de Enero del 2013

"Feministas y Feminazis"____________________53
11 de Mayo del 2013

"Vanidad placentera"_______________________56
16 de Diciembre del 2015

"Adriana"__________________________________58
Dos de Abril del 2017

"Mujeres en un mundo machista (Parte 1 de 3)"_____63
Ocho de Abril del 2020

"Mujeres en un mundo machista (Parte 2 de 3)"_____72
Ocho de Abril del 2020

"Mujeres en un mundo machista (Parte 3 de 3)"______81
Ocho de Abril del 2020

"Decepciones femeninas"______________________________89
Dos de Enero del 2022

Comentarios Finales______________________96

Introducción

Aunque tengo muchas cosas curiosas, o raras,
creo que pocas lo deben ser tanto como mi relación con
las mujeres.

Mujeres en mi vida

Y es que las féminas me resultan súper
interesantes y atractivas, y no sólo hablo a nivel físico,
sino a nivel personal. Digamos que por cada varón
interesante, encuentro nueve mujeres que lo son. Ojo,
eso no quiere decir que TODAS valen la pena, porque
hay muchas que no me nace ni saludarlas, porque no
tienen nada que aportarme, pero sí son muchas más las
mujeres valiosas que hombres que valga la pena
conocer.

Obviamente he tenido muchos amigos varones,
con los cuales me he llevado súper padre y tenemos
platicas que van desde lo tontas hasta lo profundas, y
valoro mucho esas interacciones porque me hacen
crecer como persona.

Sin embargo, mi relación con las mujeres ha sido
mayor, podría decir que un 65% de mis más importantes
relaciones (de cualquier tipo) han sido mujeres y el 35%
hombres lo cual, según tengo entendido, no es tan
común en hombres (heterosexuales) tener tantas
amistades del sexo opuesto, aunque eso sí es más común
en mujeres.

El amigo

Volviendo a la idea inicial, digo que es muy
curiosa mi relación con las féminas ya que, por un lado,
como pareja simplemente no logro conquistarlas, no

alcanzo a comprenderlas ni puedo convencerlas de que se queden a mi lado (las que quiero que se queden a mi lado, aclaro).

A pesar de ello, como amigo, me aman las desgraciadas, soy todo lo que ellas sueñan, menos como pareja. Y es que, a diferencia de un amigo gay, yo las puedo escuchar, comprender y responder como un verdadero hombre, no como una versión, relativamente, masculina de ellas mismas.

Y es chistoso, sé que en esa faceta me aman, lo veo porque me procuran y se preocupan por mí, porque también saben que es reciproco de mi parte. Lo que me frustra es que, cuando una me gusta, no puedo ser así de natural y, eventualmente, les acabo dando hueva y se van.

Esa esencia mía que es tan ad hoc a las mujeres como amigo y tan poco atractiva como pareja es una mezcla de algunos factores.

Decidiendo ser hombre

La primera no tengo manera de comprobarla, pero tampoco tengo duda que haya pasado. En mi vida pasada inmediatamente anterior, fui una mujer japonesa, la cual vivía en Itsukushima.

No tengo recuerdos propiamente de esa vida, pero tengo certeza que así fue. También sé que era feliz como mujer pero llegó un momento, natural en una sociedad machista, en que me cansé y me dije "para mi siguiente vida quiero ser hombre, para tener una existencia más fácil"

Pero no sólo escogí ser hombre, también decidí no traer toda la esencia masculina conmigo, para no embrutecerme y actuar como animal, como la mayoría de hombres se comporta, porque sí me gustaba mi consciencia. Eso sí, tampoco quise traerme toda mi esencia femenina, porque iba a nacer gay y no era el plan: yo quería ser hombre pleno, no algo intermedio.

¿Por qué decidí eso? Bueno, por un lado, para descansar un poco, ya que la vida de la mujer suele ser más difícil y, por ende, menos divertida que la de un hombre, y más en países machistas. Por el otro, al traerme parte de mi esencia femenina conmigo, podía conectar con las mujeres e irlas coacheando, y decidí nacer en un país igual o más machista que Japón: México. Así mi ayuda iba a ser más valiosa al mostrarles esos vicios generacionales que las hacen joderse a sí mismas y a las demás y, en consecuencia, para que tengan una relación más sana con sus parejas.

Obviamente no voy a apoyar a TODAS las del mundo, ni siquiera a todas con las que tengo contacto, porque no todas son de mi agrado, pero siento que sí puedo ayudar a las que siento que valen la pena a que tengan una vida mejor, no por arreglárselas, pero sí para escucharlas y, si procede, orientarlas.

Gracias a que me traje una buena parte de esa esencia femenina de mi vida pasada, también soy una persona en exceso sensible, lo cual es una bendición y una maldición de manera simultánea. Ya que siento más que los demás, tanto lo bueno como lo malo, y eso me permite formar vínculos con las féminas y no sólo querer cogérmelas que, si se puede, tampoco voy a decir que no.

Finalmente, al tener una figura paterna que, en el mejor de los casos, estaba semiausente, pues mi madre me dio una educación de corte equitativo, lo cual me ayudó mucho a no volverme un macho mexicano. Lo malo es que eso tampoco me dio la fuerza necesaria para conquistarlas como pareja, pero en esta vida no siempre se gana.

Una relación ganar-ganar

Esa esencia me hace amarlas de una manera especial, a cuidarlas y procurarlas. De vez en cuando encuentro alguna que otra gandaya que quiere sacar provecho de la situación pero son casos aislados. Normalmente me encuentro con una actitud muy agradecida y cariñosa de su parte. Así que creo que la misión que me propuse en mi vida actual, se está logrando.

Pero no corre en un solo lado ya que, aunque no he logrado una relación de pareja, las mujeres en mi vida también me enseñan, me guían y me retroalimentan, así que veo esto como una relación ganar-ganar.

Y eso es muy positivo para el mundo, porque éste tiene mucha violencia, en todos los niveles, y si podemos ayudar a una persona que necesita un poco de empatía, al final es una ganancia para todos, porque disminuimos el sufrimiento y aumentamos la esencia positiva.

Así que vayamos con los textos que les dediqué a distintas féminas y situaciones, en su respectivo momento, en mi blog.

Hebert Gutiérrez Morales.

Las promotoras del Machismo

México, aunque queramos ver lo contrario, es un país discriminador y todos lo somos en distintas situaciones. La primera, y más grande, diferenciación que tenemos es respecto al género, porque hay un trato especial en este país en caso de que seas hombre y otro distinto si eres mujer, ya después se complementan otras discriminaciones como la económica, la raza, el atuendo, la clase social y demás tonterías.

Engendrando machos

Por lo general, las mujeres se quejan mucho de ese machismo, casi siempre poniéndose en plan de víctimas por dicha desigualdad. Tienen razón en quejarse, pero no en ponerse en plan de mártires porque, analizando bien las cosas, ¿Quién educa a esos machos? ¿Quién los busca? ¿Quién los promueve? ¿Quién los "consume"? La clave para que los machos dejen de existir radica en ellas.

Esto inicia desde el embarazo, el padre (y la madre sumisa) quieren un varón, esto para cumplir los sueños frustrados a través del hijo. Tal vez la mamá, por ser práctica, también quería que fuera niño para que se viese beneficiado en un mundo masculino en vez de perjudicada. Si era niña, claro que la querían, pero el padre no podía ocultar su desilusión y la madre tampoco, porque la compadecía de venir a un mundo de machos que, de manera lenta, se está reduciendo.

Hablando de ese tema, conozco un caso muy marcado, ya que su primer engendro fue una niña, la cual significó un embarazo de alto riesgo pero, como el padre forzosamente quería un niño, poco le importó el peligro de que su esposa se volviera a embarazar, de hecho tuvo un par de abortos espontáneos y, a pesar de ello, lo volvieron a intentar y por fin consiguieron al tan querido varón. ¿Por qué poner en riesgo la vida de la madre? ¿Sólo por tener a un niño? ¿Tan poco le importa la vida de su pareja?

Educando machos

Las que fomentan el machismo en este país son las mujeres, ya que perpetúan y promueven dicha cultura a través de sus acciones: las que se dejan sobajar, sin darse a respetar y, en lugar de largarse, se quedan y aguantan ese castigo que no merecen. También tenemos que ellas mismas son las que educan a los hijos varones con las mismas actitudes machistas con las que ellas fueron sometidas y programadas.

Con un poco más de sentido común, los podrían formar de manera distinta, así evitarían un macho menos en el futuro, ya que ni siquiera influye el padre porque, como buen macho, anda en otros asuntos o con amantes "La educación del niño depende de la mamá" tienen en sus cabezas prejuiciosas.

Pero no, en vez de cambiar el flujo de las cosas, educan un macho igual o peor que el padre. De igual forma, a las hijas se les empieza a adoctrinar desde temprana edad, porque a los hijos se les permite (y hasta fomenta) actitudes que en las niñas son fuertemente censuradas. Las restricciones que ellas reciben, ellos nunca las conocen: los hijos pueden llegar tarde y solos, las hijas deben llegar temprano y (de ser posible) con un chaperón; si empiezan de manera temprana su vida sexual, a los varones se les festeja pero las chicas no pueden siquiera besar al novio, ya que pueden ser tachadas de Putas (ya no hablemos de relaciones sexuales). Es ridículo que las mujeres permitan, promuevan y perpetúen el machismo, porque ellos en realidad son los más cobardes, ya que necesitan esa violencia y agresividad para expresar su valor.

Consumiendo machos

Si quieren mejores prospectos, actúen de manera congruente para conseguirlos. Ahí recae su responsabilidad en este asunto: como compañeras de trabajo, madres, amigas, hijas y, principalmente, como pareja. El Macho no va a cambiar su actitud, él no tiene nada que ganar y todo que perder si lo hace porque, siendo como es, consigue muchas hembras.

Es lo que sucede con las tabacaleras o la Coca Cola, que ofrecen un producto "basura", totalmente nocivo para la salud y, a pesar de que la gente lo sabe, lo consumen en cantidades industriales; ¿Quién es culpable? ¿El ofertante o el consumidor?

Lo mismo pasa con los hombres, si quieren unos de calidad moral alta, con los cuales se puedan relacionar de manera seria y sana, entonces empiecen a fomentarlos y a "consumirlos". Si siguen consumiendo los "sujetos basura" que existen, pues siguen fomentando su "producción", mientras haya demanda de ellos, seguirá habiendo oferta de los mismos.

Relaciones improductivas

Pero no me malentiendan, no se relacionen desde posturas improductivas como feminista intransigente, madre neurótica o esposa celosa, el exigir respeto no significa ponerse en una actitud castrante (literalmente), porque con eso no van a lograr nada. Por experiencia propia les puedo asegurar que esa actitud restrictiva fomenta más el machismo y/o la violencia.

No se trata de que una parte sobaje a la otra, porque muchas feministas creen que se debe someter al hombre como éste lo ha hecho con ellas a lo largo de la historia. Me parece que una convivencia en pareja sana no es que una parte domine a la otra. Si quieren respeto, denlo, tienen que ser emocionalmente inteligentes, si no obtienen eso que dan, busquen en otro lado.

La violencia sólo genera más violencia, si ya están en una relación poco productiva, dónde no se puede dialogar, dónde no se hacen concesiones ni acciones positivas, pues tengan un poco de amor propio y abandonen ese lastre que sólo complica sus vidas.

Aunque no lo crean, hay muchos hombres en el mundo, tal vez sus prejuicios y miedos las lleguen a cegar, pero saben que por lo menos hay uno que se adecúe a su educación pero, mientras no dejen al mandril que tienen por pareja (con perdón de los pobres simios) por miedo a "Qué tal si no encuentro otro", pues entonces no se quejen de que tienen un macho, porque a fin de cuentas es lo que merecen por la cobardía de no buscar a alguien más.

Trofeos de cacería

Y hablando de amor propio, por favor, no sean ingenuas. Si en la intimidad permiten que se les fotografíe o se les filme, entonces aténganse a las consecuencias. Ese material no va a ser exclusivamente para ese individuo ya que, normalmente, lo va a usar como "premio de cacería" y va a presumir con cuanto sujeto se cruce en su camino.

Tristemente, y sin advertencia alguna, muchos machos me han mostrado sus "trofeos" y me pregunto: "¿Acaso estas pobres ilusas piensan que, en realidad, les sacan fotos para guardar un bello recuerdo?" Cualquiera que las retrate, es un hecho, va a compartir esas imágenes con otros congéneres. Así que arréglense bien cuando las graben o fotografíen desnudas o en ropa interior, porque esta patética muestra de machismo es más común de lo que podrían creer.

Créanme que no llego con alguien y le digo "Oye, ¿no tienes fotos que mostrarme?", estos sujetos las enseñan a cualquiera, sin necesidad de ser su amigo, creo que hasta al de intendencia se las han de enseñar. Ellos hacen esto para reafirmar su hombría, o lo que ellos creen que es eso.

Cuidado con la calidad o calaña de personas con las que se relacionan. No puede haber amor si no hay respeto, así de simple. El que las ame o (por lo menos) las quiera, no necesita fotografiarlas "para recordarlas", un verdadero hombre no necesita pruebas de sus conquistas, por lo mismo no las anda divulgando.

¿Para qué les sacan fotos? ¿Acaso no tienen buena memoria? ¿Ya dan por hecho que no tendrán otro encuentro con ustedes? Quien realmente te quiere no te obliga a hacer nada, y eso lo saben porque al momento de fotografiarlas o grabarlas, dudo que alguna se sienta cómoda (a menos que sea actriz porno).

La Friendzone

Pero tengo noticias para ustedes mujeres: Sí existen tipos decentes, que fueron educados por madres sensatas y que son demasiado buenos para su propio bien, pero no son atractivos para ustedes, ya que sólo son utilizados como un hombro sobre el cual llorar y un pobre imbécil al cual pedirle ayuda cuando su macho no las apoya, y esa gandayez de su parte acaba echando a perder a esos buenos tipos.

Y ustedes los conocen muy bien, son esos "chicos lindos", que les brindan su empatía, las escuchan, las apoyan y las entienden en los sentimientos que expresan, además lo hacen de manera auténtica, lo cual es apreciado por ustedes.

Sin embargo, nunca los consideran como auténticas opciones porque, si pretenden pasar al siguiente nivel, no los aceptan, con las siguientes razones: "Es que eres un buen hombre" "Es que eres como mi hermano" "Es que eres mi amigo" "Es que no te veo con esos ojos"

Pero al momento de relacionarse, ¿A quién no ven ni como hermano, ni amigo, ni "buen hombre" ni tantas otras excusas tontas? ¡Ajá! ¡Adivinaron!, a esos sujetos que posteriormente llamaran desgraciados, infelices, perros y demás. Y, recalco, ¿quién decidió relacionarse con ese tipo de personas?

Pero eso sí, luego regresan con sus amigos con "Necesito un favor" "Sólo puedo confiar en ti" "Ándale, sé que tú puedes". La naturaleza de dichos hombres es solidaria o empática, pero es indignante que sólo cuando necesitan algo vayan a tocar su puerta y, cuando no es así, ni de saludarlos se acuerdan. Lo malo es que muchos se dan cuenta y aprenden a cambiar, para mal.

Creando más machos

Basándose en la experiencia, esos tipos decentes notan que ellas quieren otra cosa, porque al brindar apoyo, escucha y empatía, no se quedan con la chica, y si se muestran groseros, rudos y altaneros, consiguen muchas. Recalco ¿de quién es la culpa? Ya hay hombres con buena educación y ¿los buscan? Las mujeres dicen que esos tipos les dan "hueva", así que recuerden esa respuesta la próxima vez que quieran quejarse del macho con el cual se relacionaron.

Cada cual es libre de escoger la pareja que más les convenga pero, como dicen en el mercado, "Si no compra, no magulle", saben cuando alguien tiene interés en ustedes, así que si no pueden ser reciprocas dejen de faltarles al respeto y permitan que alguien más sí los aproveche.

Ese comportamiento femenino hace que proliferen los "malos" hombres, bien dicen que la burra no era arisca, así la hicieron. La evidencia muestra que el "malo" es el que tiene éxito con las hembras, por eso es común que tenga más de una. ¿Para qué ser uno "bueno"? Ellos nunca se quedan con la chica, no resultan interesantes para ellas.

No voy a negar que también pasa a la inversa, en donde las "malas" mujeres resultan más interesantes que las "buenas", la diferencia radica en que los varones no hacemos tanta alharaca por esta situación, como sí lo hacen casi todas las féminas al expresar que ya no hay buenos partidos.

Siguiendo instintos

No nos quejemos y aprendamos a aceptar lo que merecemos, lo que nos hemos ganado, lo que hemos perpetuado a través de generaciones, en dónde se aprende a valorar o, mejor dicho, a desear lo malo y a despreciar lo bueno.

Muchas de ustedes no entienden esa necesidad que tienen por un hombre, eso es debido a la programación antropológica de ser contenidas, de ser apapachadas y soportadas por un varón, hasta la mujer más poderosa del planeta tiene esa necesidad fisiológica, me atrevería a afirmar. Aunque sea un instinto básico, también tienen esa vanagloriada inteligencia del ser humano, así que utilícenla al momento de escoger pareja, para que no sean manipuladas y más que ser contenidas sean sometidas.

Uno sabe cuando eso pasa, esa vocecita interna que le dice a uno cuando hay algo mal, podrán intentar engañar a los demás pero no se pueden hacerlo con ustedes mismas, y saben perfectamente cuando hay algo mal en su relación; peor aún, si algo no funciona y no pueden hablar de ello con su hombre, entonces hay algo roto, porque problemas siempre hay, pero no debe haberlos tan grandes como para no tratarlos en pareja.

Si tienen un macho intransigente, que no quiere hablar de los problemas, ya no digamos resolverlos ¿para qué seguir ahí? ¿Necesitan más pruebas? Hay algo peor que una mujer que es sobajada, y es la que se somete a sí misma ante un varón por esa necesidad antropológica de tener a alguien que las contenga.

Los hombres están muy cómodos porque, en realidad, tienen que invertir poco para conseguir una buena ganancia, por otro lado, ellas invierten mucho en sí mismas para ver si consiguen algo o, por lo menos, no pierdan tanto. ¿A quién le dan pan que llore? Ellos no van a cambiar por sí mismos, ya que tienen casi todos los derechos y pocas obligaciones. Cuando las mujeres dejen de buscar machos, y estos empiecen a quedarse solos, tendrán que cambiar y/o eventualmente se tendrán que extinguir.

Prejuicios y miedos

Muchas de ustedes no quieren dejar a su hombre por todo lo invertido en esa relación: tiempo, dinero, esfuerzo, ceremonias, sentimientos, estatus social, amistades mutuas y demás. Tal vez piensan, de manera tonta, que un día va a cambiar y les redituara toda su paciencia pero eso nunca va a pasar. Si ya perdieron tanto en el pasado, ¿acaso no sale más caro sacrificar el resto de su vida junto a alguien que la hace infelices en vez de arriesgar a encontrar a alguien mejor?

En este país a las féminas se les educa con la idea de que sólo son alguien si cumplen con los siguientes requisitos: A) Tienen una pareja B) Se tienen que atar a él (por lo menos ya no es obligatorio el casarse) C) Tienen, por lo menos, un hijo con ese hombre. Si alguna "loca" se atreve a no ser dominada por un varón, siempre será mal vista y censurada por la sociedad, sin importar que tenga una carrera exitosa o esté llena de otras cualidades, el hecho de no cumplir con los requisitos antes mencionados es un pecado mortal en nuestra suciedad, perdón, sociedad.

Obviamente el prójimo siempre nos va a estar juzgando, pero nunca será tan grande la crítica que recibe una esposa sometida abiertamente por la pareja, al grado de denigrarla a través de todas las vejaciones machistas conocidas, que la que va a recibir una soltera, esas críticas excesivas que recibe una mujer emancipada e independiente.

La mexicana estándar tiene la preocupación de "¿Quién me va a proteger? ¿Quién me va a cuidar?

¿Quién va a ver por mí?" y eso es muy estúpido, porque ni mujeres ni hombres requieren de NADIE que los cuide pero, ésa se ha vuelto una necesidad cultural de la naturaleza mexicana, heredada a través de las generaciones. Me dicen que las europeas son distintas y anhelo, de todo corazón, que algún día la mexicana llegue a ser como su contraparte del viejo continente.

Equidad, no privilegios

El día que dejemos de valorar a las personas por si están casadas o no, por si tienen hijos o no y otras ideas preconcebidas, ése será el día que se acabe el machismo en el país. También será el día que dejemos de hacer diferenciaciones de sexo y no hablo de la igualdad de género, como el ejemplo que me aporto mi amiga Ari: "Si tengo diez vacantes, no debo contratar a cinco hombres y cinco mujeres. Yo debo contratar a los diez mejores candidatos para el puesto, sin importar el género". Cuando dejemos de darle valor al sexo y empecemos a otorgarlo al humano y sus cualidades, habremos dado un paso adelante. No es justo discriminar o privilegiar a alguien por sus genitales, ya que hay gente capaz, e incapaz, en ambos lados.

Por eso mismo es recurrente caer en el otro lado de la moneda, y ahora hay casos en donde se privilegia a mujeres, sólo por serlo, en situaciones en dónde los hombres son castigados sin más, por ser el "sexo fuerte". Privilegiar o discriminar a alguien por su género, su apellido, su raza y demás es una práctica vergonzosa que deberíamos extirpar de nuestra mente, pero tardaremos algunas generaciones en hacerlo.

Es chistoso, pero al leer informaciones en donde se resalta el papel femenino compruebo que el machismo sigue vigente. El día que deje de ver que, de las 100 empresas más importantes de México, 52 de ellas tienen una fémina al mando, será el día que habremos superado algunos prejuicios. Si no hay nada de malo en nuestra sociedad, ¿para qué remarcar que ellas siguen "avanzando"? Lo mismo cuando se le da especial cobertura al elegir a una gobernadora, una rectora y, no vayamos más lejos, cuando hay alguna conductora de taxi o de Microbús, también lo hacemos notar.

Al vivir en un mundo de machos, esas notas sobre ellas resaltan; pero tampoco se trata de darles un trato especial a las féminas sólo por serlo. Estoy de acuerdo en que hay que darles las mismas bases y oportunidades para desarrollarse, pero el regalarles algo por el simple hecho de tener vagina tampoco es respetarlas, ya que eso refleja un desprecio por su capacidad, es como decirles "Tontas, les damos esta oportunidad porque somos dadivosos".

Cuando la mujer y el hombre dejen de ser discriminados o privilegiados por su género, y sólo se ganen las cosas por su capacidad o habilidad, será el día que habremos alcanzado la igualdad, y el machismo y el feminismo habrán desaparecido, ya que ambos son aberraciones, una más vieja que la otra, pero ambas son auténticas vergüenzas de la humanidad.

Cuando ella se dé cuenta que es tan valiosa como él, y recalco que no lo es ni más ni menos, sino su igual, a pesar de las diferencias fisiológicas; es el mismo día que acepte que no necesita un hombre para ser validada o certificada como mujer; el mismo día que acepte que no necesita casarse ni tener hijos para darle sentido a su vida; ese mismo día será cuando ella se dignifique en este país, y sólo depende de sí mismas, porque son las más ácidas detractoras de su mismo género, y las promotoras más grandes del machismo. La mexicana es la más grande misógina, por ser enemiga de ella misma, y el principal obstáculo para su desarrollo.

17 de Septiembre del 2011

¿En qué momento?

¿En qué momento uno se vuelve lo que odia?
¿En qué momento uno se vuelve "fresa"?
¿En qué momento cambias de clase social?
¿En qué momento uno se vuelve "refinado" y deja de
ser gente humilde?

Una persona sencilla

Jamás creí convertirme en una persona elitista,
ya que me educaron exactamente para lo contrario.
Todos los días saludo a las personas de intendencia en la
oficina, a las que nos sirven los alimentos en el comedor
o le hago plática al que me despacha la gasolina, porque
les tengo el respeto que todo ser humano merece.

De igual forma, tengo amistades variadas: desde
los humildes hasta los que viven en la abundancia
económica, pero todos tienen en común su riqueza en
valores y los trato con el mismo respeto e interés al
platicar con ellos, sin importar sus cuentas bancarias.

Aunque no es de mi total agrado, puedo comer
en lugares muy finos y comportarme a la altura, como
desenvolverme con naturalidad comiendo unos tacos en
la calle, en donde me siento más cómodo y libre. De
igual manera puedo hacer viajes largos en auto o en
transporte público sin que me signifique mayor
complicación. Por estos detalles me consideraba, hasta
hace muy poco, una persona sencilla de clase media.

Al manejar, y ver la actitud pedante de algunos
que van en buenos autos como Audi, Mercedes,
Porsche, BMW, Jaguar y demás, me parecen totalmente
estúpidos sus aires de superioridad sólo porque
conducen un auto fino o porque tienen más recursos.

Entonces, si tengo esa percepción, no entiendo por qué es tan importante que mi "prospecta" no tenga los mismos recursos que yo.

Descartando parejas

En dónde sí soy elitista, máscara que me sirve para ocultar mi miedo, es al momento de escoger mujer, basándome en los más estúpidos pretextos: "Es que no tiene los dientes parejos", "Es que no lee tanto como yo", "No tenemos los mismos valores", "No ve la vida con mis ojos", "Es que es pedante (más que yo)" y todas las excusas tontas que puedan imaginar para descalificar a una gran cantidad de mujeres, algunas de ellas MUY valiosas, y así perpetuar mi soledad.

En su momento apliqué todos los argumentos a mi alcance, pero nunca había utilizado uno: el status social. Eso es algo que nunca creí que fuera a ser relevante para mí, hasta que llego el "día de la bestia" (no tiene nada que ver con este escrito, pero suena chido ¿no?).

Recientemente me encontré con una gran chica, la cual está en condiciones similares a las que yo estaba hace diez años, así que no encontraba cómo descalificarla: sus situaciones familiar, personal, de valores y profesional son tan parecidas a las mías, de hace una década, que no había por dónde encontrarle un "Pero", aunque mi inconsciente insistía en descalificarla, pero no quería ver que el "Status social" era la respuesta que me negaba a aceptar.

"El ser civilizados no consiste en que todos seamos iguales, sino en comportarnos como si en verdad lo fuéramos" – Orhan Pamuk (El Museo de las Inocencia)

Esta situación me da mucha pena, mucha vergüenza y mucho enojo, por eso mismo me exhibo aquí, en el blog, que uno de mis medios de expresión más importantes, además del que posee más público, para evidenciar lo bajo que puede caer uno. No puedo creer que algo tan trivial e inútil como es el status económico esté pesando en mis decisiones. Tal vez ya me he maleado más de lo que me gustaría admitir.

El mejor ejemplar disponible

Volvamos un poco al pasado, a mis años en la Preparatoria. Durante un receso cualquiera, escuché una clasificación inconsciente en la sociedad para relacionarse con otra persona, la cual comparto. Tal vez pueda parecer grotesca, pero es omnipresente en el inconsciente colectivo: Todas las personas tenemos una calificación entre el 1 y el 10 en rubros básicos como valores, formación y/o intelecto, belleza física, status económico o importancia social.

Si una persona es un "7" físicamente, y guiándonos sólo por su apariencia, únicamente puede relacionarse con otro "7", con un "8" si le va bien o con un "6" si le va mal, pero nunca fuera de esos límites. Para que ese "7" pueda relacionarse con un "10" del mismo rubro, tiene que ser un "10" en otro campo (como el económico), y así son las reglas que rigen las relaciones humanas.

No sé si encontré dicha teoría más repugnante que inmoral, el caso es que me pareció una sarta de tonterías pero, hace poco más de un año, vi un programa en Discovery Channel (si no mal recuerdo "La Ciencia del amor") en donde ratificaron esta teoría con varios experimentos y recibí un balde de agua fría.

Efectivamente, el ser humano siempre busca el mejor ejemplar disponible y lo hace a través de todos los rubros posibles de examinar, TODOS calificamos el físico, el status, el intelecto, los valores y demás, y buscamos lo mejor que haya en el mercado; claro que algunos lo hacemos de manera más consciente que otros, pero nadie se salva de aplicar y recibir esta discriminación.

Entre elitistas te veas

Continuemos en la Preparatoria, un día estaba platicando con mi entonces mejor amigo, cuando él dijo algo totalmente superficial y ególatra, por lo que pregunté: "Oye Carlos, eso es muy snob, ¿no crees?" y su contestación me cimbró, como si me hubiera confesado que era gay: "Pues sí, porque yo soy fresa". Me quedé perplejo por el desparpajo con el cual lo dijo.

Para mí, el ser fresa, era muy cuestionable para mi paradigma existencial, pero no dejamos de ser amigos por esa escena tan impactante en mi ser (dejamos de serlo, en su momento, por cuestión de mujeres). Lo triste es que hoy en día estoy cayendo en lo mismo.

"Quien con monstruos lucha cuide de convertirse a su vez en monstruo. Cuando miras largo tiempo a un abismo, el abismo también mira dentro de ti" – Friedrich Wilhelm Nietzsche

¿Por qué hago tanto espectáculo por reconocerme como elitista? La gente que más me desagrada es pedante, mamona o creída, sólo detrás de la ignorante, así que lo peor que me puedo encontrar en la vida son a personas ignorantes y creídas. Lo malo de todo esto es que, de pronto, me doy cuenta que también soy pedante y elitista (por lo menos espero no ser tan ignorante).

Parejas Disparejas

En temas así adoro tener a mi amiga, Yoghurt McCloud, para poder tener esas pláticas políticamente incorrectas, pero necesarias. Le pregunté: "Yoghurt, si encontraras al hombre de tu vida, con los valores que admiras, con las cualidades que necesitas y con el físico que te enloquece PERO estuviera sirviendo hamburguesas en el Burger King, ¿te relacionarías con él?" Ella lo pensó un momento y me dijo "No, porque la diferencia social acabaría pesando en la relación y sería más dolorosa la ruptura".

Y tiene razón, porque me hizo recordar algunas de las cosas que no funcionaron en mi fallido matrimonio gracias a esas diferencias: A ella le gustaban las películas de Pedro Infante, cuando a mí me gustaba el cine extranjero; a ella le gustaba leer revistas de espectáculos, cuando yo leía libros; dejé de hacer ejercicio porque no estaba en su cultura; mis valores ecológicos y políticos eran fuertes y en ella eran inexistentes, además de todas las diferencias que ella pudiera expresar sobre mi persona. Ya viví lo que es estar en una "pareja dispareja" y no resulta muy divertido cuando uno de los dos carece de la tolerancia y civismo para convivir y/o ceder.

Puedo decir: "Es que es una gran chica, con muchas cualidades y mucho que ofrecer PERO . . . " A veces con razón, a veces con pretextos, pero me he vuelto especialista en anular relaciones que ni siquiera han empezado. Tal vez me haya vuelto cínico, pero he aprendido a identificar diferencias de fondo que me impiden relacionarme.

No todos lo hacen, muchos hemos visto relaciones que, a todas luces, no deben de ser, pero es forzada por la necedad o anhelo del ente dominante en la misma y, a la larga, acaba en una dolorosa separación, producto de una relación destructiva que jamás debió ser. Y vaya que sé del tema, me hubiera encantado terminar con mi matrimonio antes de que hubiera empezado, dos veces tuve esa oportunidad pero, por no mantenerme firme, nos acabamos lastimando aún más de lo que hubiéramos experimentado antes de consumar la unión.

"Ellos" y "Nosotros"

A pesar de todo lo escrito, no estoy justificado, mi actitud elitista **no** tiene razón de ser, es totalmente reprochable, ya que no es lo que me enseñaron y no es característico de la "buena persona" que formaron en mí, pero no lo puedo evitar.

"No sé si pido mucho, o me conformo con poco" – de la canción "Ayúdame Freud" (Ricardo Arjona)

Es cierto que existen muchas variaciones pero, al final, la raza humana es una sola en general. Obviamente tenemos diferencias genéticas y nosotros las complementamos con otras características. Alguien alguna vez me decía, refiriéndose a las personas de clase social más sencilla: "Es que ellos no son como nosotros". Sé que nos referimos al dinero, las escuelas, la educación, los viajes, los lugares que frecuentas para comer o comprar, las fiestas, y, en general, las posibilidades materiales. Estas situaciones marcan diferencias, pero se expresan como si eso nos hiciera mejores o peores seres humanos, y es porque la sociedad así lo dicta.

Ese mismo alguien me dijo que "ellos", aunque son distintos dentro de su humildad, llegan a alcanzar una felicidad más auténtica que la "nuestra". De eso no estoy seguro porque, dentro de la constante insatisfacción humana, "ellos" también han de pensar que alcanzamos otro tipo de felicidad más completa por los recursos que tenemos.

Eso de "ellos" y "nosotros" es tan estúpido, a pesar de que también ya me expreso de esa manera, porque seguimos siendo las mismas personas, ¿desde cuándo el valor de un ser humano radica en lo que tiene y no en lo que es? Esas cualidades intrínsecas, de nacimiento, de nuestros genes y nuestra formación. El hecho de que una persona tenga dinero no la hace mejor que una que no lo tenga o, por lo menos, así debería ser.

Acorralado

Tal vez, de tanto convivir en este ambiente social elitista, uno se acaba "contaminando" o acaba encontrándole sentido al mismo. Honestamente me siento muy apenado, me siento mal, me siento como alguien despreciable pero, a pesar de todo ello, no puedo librarme de esa percepción que me obstaculiza el avance con esta mujer.

"No busco la absolución. . . pero necesito confesarme" - Douglas Kennedy ("El momento en que todo cambió")

Cada vez la voy conociendo más, y me enternece como se expresa conmigo de una manera tan limpia,

sincera, noble, honesta y dulce; Hasta de indefensa
podría calificarla, por el hecho de que no capto ninguna
pose cuando platicamos, y todo eso me complica más
está situación. Si por lo menos diera un paso en falso,
hiciera algo incorrecto, algo que me permita agarrarme
de ahí para descalificarla por completo, pero su actitud
tan abierta sólo agranda mi suplicio y flagelación, ya
que sirven de evidencia la falta de argumentos reales
para dejarla atrás, como sí lo logré con todas las mujeres
que taché en el pasado, aunque mis razones hayan sido
intransigentes para anular algo que ni siquiera inició.

Tal vez, al no encontrar un argumento real, mi
inconsciente ha sacado un argumento muy barato para
invalidarla. Por la misma razón tan cuestionable, estoy
atorado en mi mecanismo de defensa, mismo que me ha
permitido estar solo durante muchos años.

Pero he sido expuesto, estoy siendo encerrado en
un callejón y me resisto a ceder, me niego a creer que
hay una posibilidad de relación, de ahí la medida
desesperada de sacar el status económico como excusa.
¿Es tal mi miedo de no relacionarme que prefiero ir en
contra de mis valores que darme una oportunidad de
conocerla? Mi inconsciente, especialista en descalificar
basándose en el miedo, se las está viendo negras en esta
ocasión.

Lo malo de ser bueno

He tenido la oportunidad de platicar con un par
de mujeres, de las que me rechazaron en el pasado y, al
cuestionarles por qué no me aceptaron, ambas
coincidieron (cada cual por su parte), que no se
relacionaban conmigo por "ser demasiado bueno"; esto
debido a mis ideales irreales, por lo que ellas
necesitaban un hombre más "maleado" acorde a su

forma de ver la vida. Aunque en su momento no entendí esa respuesta, hoy en día la comprendo a la perfección.

Sin darme cuenta, me he ensuciado un "poco", en ese afán de camuflarme con el ambiente, al intentar jugar con las mismas reglas, me acabé maleando, que era lo que quería ("Ten cuidado con lo que deseas, porque se te puede conceder"). Esta chica, que es de lo que ya no hay, cuando conozco sus sueños y proyectos, tan similares a los que yo tenía algunos años atrás, me hace entender a las mujeres que hice referencia en el párrafo anterior.

Al ser una chica tan limpia y noble, me queda la percepción que "necesito" una mujer con más experiencia. Qué frustrante resulta esto, porque no aprovechar esta oportunidad sería una auténtica tontería, aunque no estoy seguro que sea lo que estoy buscando. Cualquiera que la conozca admitiría que es una gran mujer, pero no quiero relacionarme con ella sólo porque tiene mucho que ofrecer, por eso mismo me resulta difícil decidirme a abordarla o, de plano, huir cobardemente (como es mi costumbre).

Huyendo vilmente

Cuando me divorcié, aprendí a identificar lo que no quiero en una pareja, seis años después, parece que aún no puedo identificar lo que sí quiero, empezando por el hecho de que ni siquiera sé si en verdad quiero relacionarme.

Uno de mis defectos, el cual pretendo superar, cuando me dejaba de interesar una chica, simplemente ya no la buscaba y la dejaba en el olvido, aprovechándome de ese impedimento social de que una mujer le hable a un hombre que sigue arraigado en la sociedad del centro de México.

También he recibido mi castigo por tanta soberbia, porque algunas de esas chicas desarrollan cualidades que posteriormente me atraen pero ya fueron atrapadas por otro hombre, con la consecuente frustración retroactiva de mi parte.

La chica del presente ensayo me cae súper bien y pretendo quedarme cerca de ella, con la esperanza de que yo madure pronto y valore todo lo que es en lugar de ver lo que no tiene o le falta por desarrollar. Sólo espero que ese día llegue a la brevedad y que aún este libre o interesada, de lo contrario, se incrementara la lista de grandes mujeres que deje pasar por algún tonto prejuicio (aunque no los hay de otro tipo).

24 de Septiembre del 2011

Las Mujeres

"El día en que finalmente aprenda a entender a las mujeres, o le encuentre lógica a su accionar, será el día en que la vida deje de ser interesante, porque resultara demasiado sencilla" - Hebert Gutiérrez Morales.

Este texto lo escribí en Junio o Julio del 2008, por desgracia no recuerdo la fecha exacta. En ese momento estaba tratando de dejar atrás un anhelo que tenía y ya estaba en vías de lograrlo. Este escrito está lleno de esperanzas y necesidades que, hoy en día, ya no comparto. He aprendido que uno no puede vivir blindado pero tampoco con esperanza, y menos respecto a las relaciones personales. De cualquier manera se los comparto:

Desconfío de las mujeres. A lo largo de los años les he tenido respeto mezclado con miedo y amor. Son seres que, en gran parte de mi vida, me han ido dañando y se los he permitido con una parsimonia escalofriante.

Son seres peligrosos e impredecibles, las cuales me han dado los momentos más felices de mi existencia, al igual que han ocasionado las etapas más dolorosas de la misma.

Aunque me he comprometido a no relacionarme con ellas nuevamente, cada cierto tiempo, aparece una que me deslumbra, que hace renacer las esperanzas y sueños que, en algún momento previo, me había jurado enterrar en el olvido.

Por primera vez en mi vida me he "blindado" emocionalmente para que no vuelva a pasar, aunque sé que es una batalla perdida porque, cuando llegue otra maravillosa mujer que me llene la pupila y el corazón, todo ese blindaje será en vano y en un momento destruido, y espero que así sea.

Ojala algún día llegue la última y definitiva, porque ya no quiero invertir mis desgastados sentimientos en alguien indigna de los mismos. Solo quiero una, esa misma que me haga agradecer por todas las anteriores, ya que éstas me servirán para engrandecerla más; todas esas equivocaciones van a servir para valorar más a mi mujer.

No quiero una perfecta, sólo quiero una: MI MUJER, la que me toca, la que nació para mí y para la cual yo nací. No sé cuándo pase o si vaya a pasar siquiera, sólo sé que, si pasa, lo sabré a la brevedad.

Algunos días después escribí este otro texto al respecto, creo que como respuesta o conclusión al anterior:

A lo largo de mi vida, siempre estuve acompañado por la esencia de una mujer: no estaba física ni espiritualmente junto a mí, pero sabía que existía. Era a la que le cantaba "Por ti me casaré" de Eros Ramazotti; era con la que veía la misma luna, al mismo tiempo, sin estar en el mismo lugar. Era la futura madre de mis hijas o hijos.

Estaba tan seguro de su existencia, que sólo era cuestión de tiempo para que nos conociéramos y "fuéramos felices para siempre" (como en los cuentos de hadas). Ella dejó de existir, se esfumó cuando mis paradigmas del matrimonio y la pareja fueron extirpados de mi Psique.

Me siento solo, abandonado, incompleto, sin identidad y muy pensativo. No recuerdo cuándo tuve la noción de la existencia de esta fémina, pero ha de haber sido desde la infancia misma. No era una ideal o irreal, ella era de carne y hueso, cuya existencia era la que me acompañaba, pero ya no más.

Admito que era un apego, una dependencia de mi parte a una imagen, a una fe. No creo en la religión, pero sí creía en esa mujer. Ese paradigma desapareció, ahora estoy solo pero, a la vez, libre. Tengo la libertad de crear un nuevo esquema existencial más productivo o, simplemente, no sustituirlo con nada y fluir libremente por la vida con una mente abierta sin ideas preconcebidas.

Sé que debo alegrarme por esta oportunidad y, seguramente, así lo haré. Lo malo es que, por el momento, me siento sin identidad, solo y desamparado.

"No es lo mismo estar solo a que te hagan estar solo" – tomado del manga "Nana"

Afortunadamente sí desarrollé otro paradigma sin la dependencia hacia una fémina ¿Cuál es mi postura hoy en día? Ninguna en particular. Han pasado años desde mi última relación sentimental y, al paso que voy, pasaran otros más antes de que vuelva a haber otra. No niego que aún tengo miedo a relacionarme pero también he comprendido que mientras más buscas menos encuentras, así que es mejor fluir con la vida y si llega la mujer indicada, me alegraré y, en caso de que no llegue, tampoco hay problema, porque he desarrollado una existencia llena e independiente sin la necesidad de una pareja.

Dos de Noviembre del 2011

¿Las Mujeres me quieren Misógino? Así parece.

La Cobardía

Soy cobarde para hablar con las mujeres, ¿hablarle a una desconocida? ¡Jamás! Me muero de pavor. No tengo ese instinto natural de cazador que tienen el resto de varones, puede que sea un humano más desarrollado que carece de ese instinto de cazador y se centra en temas más elevados, también es factible que tenga alguna deficiencia o esté de alguna forma minusválido al no tener ese instinto natural masculino. Cualquiera de las dos teorías es una forma bonita de decir que soy un pinche cobarde para hablar con las féminas.

"A las mujeres les gusta que les rueguen, no quién les ruega" – Del libro "Cuando pienses vivirás"

Las mujeres con las que he andado o he pretendido ya eran conocidas de antemano, para mí dirigirle la palabra a una desconocida es una gran ofensa, y es que no quiero ser considerado como el resto de changos, que sólo piensan en sexo y a ver cuántas mujeres se pueden coger. Trato de no ser como ellos, así que me comporto diferente, pero ello no me ha traído precisamente mucho éxito al momento de relacionarme sentimentalmente.

Sé que no es bien visto que un hombre admita abiertamente que le da miedo hablar con una desconocida, porque todo macho que se aprecie, siempre va a presumir de sus múltiples conquistas, sin importar que tenga una relación fija o no, porque parece que el bluff les reafirma esa pobre seguridad propia que tienen en su débil psique.

Afortunadamente en este escrito puedo darme el lujo de ignorar los cánones de la sociedad machista en la cual vivo, misma que está llena de orangutanes vestidos de hombres; o por lo menos eso se creen ellos, porque en realidad tenemos muy pocos hombres verdaderos para la alta demanda femenina, por lo mismo la mayoría se deben confirmar con cualquier simio medio presentable que encuentren en su camino, y conste que no estoy hablando de la presentación física.

Me encantan las mujeres, cuando veo alguna que está bien buena, se me antoja y fantaseo fornicando con ellas, las veo con hambre, deseo y lujuria, ¡pero no me puedo acercar a por el pinche miedo que les tengo!

La necesidad de fornicar

¿Acaso soy patético? ¡Claro! Mal haría en negar lo obvio, sólo trato de ser honesto. ¿Eso me hace un mejor ser humano o resuelve el problema? ¡Obviamente no! Sé que el mundo no va a cambiar sólo porque me parece injusto, en teoría yo tendría que cambiar para aprovechar las bondades de la vida; sin embargo, he vivido en soledad tantos años que, de alguna manera mi inconsciente me dice "¿Ya ves? ¡No hay pedo! Vives bien sin una pinche vieja loca haciéndote panchos, sin tener que desgastarte si está enojada por cualquier pendejada".

**"Mujer que no la hace de pedo. . . es hombre"
– dicho MUY popular.**

Aunque ellas se quejen, les encanta que el hombre se comporte como un macho, de lo contrario no proliferaría tanto ser que se comporta como animal en nuestra mustia sociedad, ni tanta pendeja que se relaciona con ellos.

Tristemente mi personalidad solitaria no me ayuda a relacionarme con las mujeres de manera sentimental. ¿Amigas? Tengo a montones, muchas más que amigos, pero no me las ando cogiendo (porque no se dejan H_H).

Le he dicho abiertamente, a la que solía ser mi jefa: "Vamos a cenar, a bailar, a pasarnos un buen rato (traducción: a coger) y cada cual regresa a su casa sin compromiso alguno". Sé que ella se muere por fornicar como perros (no conmigo en particular sino con quién se deje), tristemente su programación social y moral son más poderosos que sus deseos de desfogarse.

El hombre le debe hablar a la mujer

Así como puedo hablar sin tapujos ni poses en este blog que me da libertad, también puedo expresar con total sinceridad: ¡Maldita sea! Sé que tengo mucho que ofrecer para casi cualquier mujer (aunque no cualquier mujer tenga mucho que ofrecerme). Tengo tantas cosas a mi favor, y no hablo de lo material (aunque sé administrarme), sino de todo lo que soy como hombre. Sé, o creo saber, lo que soy, lo que valgo y lo que tengo, me cuido en exceso para no volver a devaluarme al caer con una pareja infradesarrollada como lo fue mi exbrujer.

Sé que estoy loco por escribir la siguiente línea (como lo estoy por escribir todo este texto), pero considero justo que las mujeres me aborden a mí, al ver el panorama tan triste y pobre que hay en la oferta masculina, ¿Qué les pasa a las féminas? ¿Acaso no vale la pena hablarme y dejar de andar sufriendo con patanes? Es irresponsable que alguien como yo ande en la calle solito, porque cualquier arpía, perra o piruja, puede encontrarme y aprovecharse de mí. Por lo mismo recalco, ¿En qué chingados están pensando las mujeres (tanto las buenas como las malas)? Es que ninguna me encuentra ni se da cuenta de lo que valgo.

Pero ahí entra esa estúpida programación de que "¡Ay no! ¡La mujer que aborda a un hombre es una puta!" me frustra tanto, me enoja y me duele la ignorancia que ha establecido nuestra sociedad con sus estúpidos roles.

A pesar de ser tan pusilánime, también quiero mencionar que critico abiertamente ese pinche sistema, que no sé quién chingados estableció, en dónde el hombre debe ser el que aborde a la mujer. En verdad me parece increíble haber estado casado en alguna ocasión y haber tenido una novia antes, desconozco cómo lo logré, tal vez estaban muy urgidas y se las arreglaron para cazar a este pobre pendejo.

Aclarando la idea, en ningún momento me considero una víctima, nunca me verán tirándome al suelo diciendo "¡Pobre de mí! ¡Nadie me quiere ni me valora!". Sé que si un día quiero "ejercitar el pistón", podré dejar de ser tan mamón y dar mi brazo a torcer o, de plano, pagar por algo sin compromiso. Pagar me causa un conflicto moral encabronado, creo que me abarato mucho al hacer algo así (alguna vez me vi "obligado" a pagar por sexo y casi me muero de la tristeza).

Parecerá lo contrario, pero no me quejo, porque tengo exactamente lo que me he ganado, y es que también tengo muchas ventajas. De hecho, si la ventajas

fuesen menores que las desventajas, entonces sí me
vería obligado a actuar y a cambiar algo en mi vida. Es
posible que mi miedo sea tan grande que me domina a
niveles preocupantes y no me deja ver más allá de mi
zona de confort.

La necesidad de relacionarte

A pesar de todo lo que he escrito, en los últimos
meses no he dejado de tener citas semanales con
distintas mujeres, de hecho no es raro que en una misma
semana tenga hasta tres citas con féminas diferentes
pero soy tan decente, o tan pendejo, que de ninguna he
conseguido sexo. Sé que mis amigas me evalúan y ya se
dieron cuenta de todo lo que valgo, pero ellas esperan
que yo haga algún movimiento, lo malo es que no saben
que no lo voy a hacer, así que por eso siguen las citas
sin avanzar ni un ápice.

A veces no sé si en realidad me hace falta
relacionarme o sólo me dejo influir por una sociedad
que no puede respetar mi soledad y que a fuerzas me
presiona para que me relacione, tal vez mi soledad y su
consiguiente libertad les parece ofensiva y siempre me
andan buscando con quién coartarla. Tal vez me estoy
dejando presionar y no le doy el valor a la paz y
tranquilidad que tengo en mi vida casta y ascética, tal
vez la voy a valorar el día que la deje de tener y esté
inmiscuido en una relación en la cual mi tiempo (y
dinero) deje de pertenecerme a plenitud y mi libertad
esté disminuida ¡Por eso mismo no me relaciono! Mi
inconsciente no es (tan) pendejo y ya no va a permitir
que eso pase otra vez.

**"La única manera que tiene una mujer de
reformar a un hombre es aborreciéndole tanto que él**

pierda todo posible interés por la vida". – El retrato de Dorian Grey (Oscar Wilde)

Sé que no soy alguien ordinario (aunque todos creemos eso de nosotros mismos, pero sólo pocos tenemos razón), así que es justo que no me conforme con mujeres estándar. Es factible que me tarde otros 20 años en encontrar a la adecuada (ojo, no perfecta), y también es factible que ella no haya nacido. En todo caso, no estoy dispuesto a relacionarme con cualquiera que esté interesada en mí, porque sé lo que valgo.

Hay quién me dice que conforme avance la edad, voy a dejar de ser tan pedante y bajaré mis estándares, pero no lo creo, porque me están midiendo con su vara de homínidos comunes y corrientes. He vivido en soledad muchos años y creo que puedo seguir así el resto de mi vida, ya que siempre ha sido por elección propia, no de los demás.

El amor a los machos

Algo que me frustra mucho en las mujeres es esa incongruencia entre lo que dicen, piensan y lo que en realidad hacen. Ellas dicen "Quiero un hombre sensible, con el que pueda platicar de mis sentimientos y que no tema hacer labores domésticas, que no sea macho ni impositivo" y demás. Como me educaron con ese molde, creí fervientemente que era lo que buscaban las féminas.

"Una cosa es creer en las mujeres y otra muy distinta creerse lo que dicen" – Carlos Ruiz Zafón ("La Sombra del Viento")

Cuando uno ve el prototipo con el que se quedan esas mismas mujeres, la verdad uno no puede dejar de sentir lástima de ellas, porque se relacionan exactamente con lo contrario que predican. Ciertamente a las féminas las enamora un tipo con agallas y con actitud, pero luego resulta que se relacionaron con un macho de mierda que las cela a más no poder y las somete cruelmente.

Sé, por experiencia propia, que un hombre de actitud tranquila y reservada da hueva (como la he dado a tantas mujeres), pero no lo dicen porque es políticamente incorrecto, en lugar de eso dicen: "Es que eres un amor" "Eres el hombre que cualquier mujer desearía" "Mereces una mujer a tu altura" y no sé qué tantas pendejadas he escuchado a lo largo de mi vida. Cuando escucho semejantes estupideces me digo a mí mismo: "¡Ah chinga! Entonces eres poca cosa, ya que no me mereces" Aunque en realidad son ellas las que me consideraban a mí poca cosa.

Claro que entre líneas el mensaje es "¡Pobre pendejo! ¡No voy a andar contigo! ¡Necesito un hombre más cabrón! Tú necesitas una pendejita que viva en tu mundo de hadas y junto a la cual puedas tener una vida ñoña"

Promoviéndose

A las mujeres les encanta vestirse de manera provocadora para atraer las miradas de los hombres, y provocar la envidia del resto de mujeres. Los hombres decimos abiertamente que nos gusta verlas y ellas, aunque no lo digan abiertamente, les encanta que les veamos el culo, las tetas, el abdomen o las piernas que nos muestran tan generosamente.

Pero no se los insinúes abiertamente porque te contestaran "¡Ay no! ¿Cómo puedes creer eso de mí?

¡Ni que fuera una puta que se está ofreciendo!" Aunque
a un nivel sí se están ofreciendo y/o anunciando ante los
demás. Pero debido a una fuerte programación social
que les impide expresar su sexualidad tan abiertamente
como los hombres, prefieren esconderse en falsas reglas
sociales, bajo las cuales asumen un falso recato. Si en
verdad fueran tan mesuradas, no se untarían esos
pantalones tan pegados que remarcan sus hermosos
culos o usar minifaldas que no dejan mucho a la
imaginación.

Creo que la seriedad con la que un hombre toma
a una mujer, empieza desde su manera de arreglarse: si
se arreglan como putas, serán vistas como tales, pero si
se visten como monjas serán menos los que las aborden.
Como hombres somos muy dados a clasificar a las
mujeres, y una de ellas es cuando las etiquetamos "Para
un acostón", "Para salir unas cuantas veces pero nada
serio" o "Para ser madre de mis hijos". Primero nos
basamos en el físico pero posteriormente confirmamos o
cambiamos la clasificación con la manera de
comportarse.

El atractivo físico es una fuente de poder
importante en este mundo tan visual, por lo mismo,
cuando una mujer muy atractiva irrumpe en el terreno
de otras, éstas tienden a tornarse hostiles hacia la que
está bien buena con ataques indirectos al expresar
"¡Pinche vieja! ¡Ha de estar operada!" o "¿De dónde le
ves lo buena? ¡Si está bien gorda!" o "¡Pinche vieja
corriente! ¡Se ve que es bien puta!" o "¡Pinche flaca!
¡Mejor dale un pan para que coma!" y demás
comentarios en búsqueda de algún defecto que la
descalifique ante los hombres de ese ambiente los
cuales, obviamente, la desean (a veces más por novedad
que por su físico).

"Las mujeres y los gatos harán lo que les plazca, los perros y los hombres deberían relajarse y acostumbrarse a la idea" – Robert A. Heinlein

Algo parecido ocurre cuando un hombre atractivo llega a un ambiente establecido y enloquece a las mujeres; los hombres tienden a tildarlo de Puto. Pero ambas reacciones primitivas difieren de acuerdo al género, ya que es más factible que los hombres acepten rápidamente al "chico bonito" que las mujeres acepten a la "vieja sabrosa".

Transformándose en Misógino

Tal vez sea raro que lo diga pero me educaron para ser un buen hombre, semilla que germinó bien gracias a mi manera de ser, muchas me tacharan de pretencioso, ególatra o presumido, pero no voy a negar mi naturaleza por no incomodar a nadie. Algo de lo que he experimentado a lo largo de mi vida, y que me enoja profundamente, es esa gandayez de ciertas mujeres hacia tipos como yo.

Básicamente los que tienen todos los derechos son otros y a mí me dejan las obligaciones sin derecho a alguna "prestación" que monopolizan esos tipos que sólo las hacen sufrir (merecidamente, agregaría yo). Así que ahora voy a dejar que los "desgraciados" las escuchen, las apapachen y las comprendan, ése será mi granito de arena para acabar con las mañas femeninas que perpetúan el machismo en este mundo.

Me enseñaron a querer y respetar a la mujer, la feminista de mi madre me inculcó valores de igualdad y respeto hacia las féminas. Me hizo tanto énfasis en esos principios que los cumplí con una fe ciega cuasireligiosa. Lo malo de ser tan devoto a algo es que se corre el riesgo de volverse detractor acérrimo. Por lo mismo pasé de ser un católico devoto a un ateo férreo. La pregunta es ¿pase de un feminista convencido a un misógino de mierda?

Admito abiertamente, y con orgullo, que soy misántropo; pero me causaría mucho conflicto reconocerme como misógino y, tal vez, ésa sea la prueba de que lo soy (en psicología se dice que lo que te choca te checa). Siento que no es correcto, aunque no sea mentira, también siento que debo de admitirlo y abrazar mi misoginia para volverme integral y dejar de ser un misógino "de clóset".

26 de Octubre del 2012

La madre soltera

Alguna vez, en clase de baile, entró una chica unos ocho años menor y que estaba guapa y con un cuerpazo. Al inicio nos caíamos bien, aunque claro que toda la jauría se fue sobre ella, pero no le hizo caso a nadie porque, según yo, producto de mi imaginación, parecía que se empezaba a fijar en mí.

Obviamente esa posibilidad real NUNCA pasó por mi mente: era una mujer excesivamente atractiva, guapa, agradable, educada e inteligente, ¿Por qué demonios se iba a fijar en mí? Ella podría tener a cualquier junior pendejete que le pagara todos sus caprichos, porque se notaba que era de las mujeres caras por el alto mantenimiento.

Pero cada vez que la veía era más evidente: me estaba tirando el calzón. Más que sentirme halagado me sentí extrañado, "¿En qué momento entré a la dimensión desconocida?" Y es que en la reglas del juego, una mujer con sus características no se debe de fijar en alguien como yo.

Y no es que esté muy tirado a la chingada, porque tengo muchas cualidades que cualquier mujer desearía, pero no para la liga a la que ella pertenecía. La tentación era mucha, y el hombre es muy calenturiento, así que ya era tan claro el asunto que (de las pocas veces en mi vida que lo he hecho) tomé la iniciativa y la invité a salir.

En esa única cita salió el peine: era divorciada y con dos engendros (uno de tres años y el otro de meses). "¡Ajá! ¡Sabía que debía haber una explicación!". Así que, conectando sus vivencias entendí que, efectivamente, estuvo con un junior pendejete, de buena clase social y guapo, que es lo que ella valoraba en ese momento. Se casaron, tuvieron hijos pero después ella entendió que no sólo importa el físico y el dinero, porque el tipo era un patán y, fiel a ello, la dejó simplemente y se fue a buscar a otra.

Y ahí entendí el interés de ella: ciertamente tengo el tipo de papá comprensivo y de esposo responsable y respetuoso. Ella no se había fijado en mí, sino en lo que le podía ofrecer: la seguridad económica, social, familiar y hasta psicológica a una mujer divorciada, con carrera en proceso, con dos hijos, un trabajo mal pagado y unos padres que le habían dado la espalda al haber "echado a perder su vida" tan joven.

Aun así no me preocupaba la situación, porque tengo mucha experiencia en citas ya que, mientras no haga nada, sólo sería eso: una cita sin repercusiones que lamentar. Cenamos y fuimos al cine, en el camino a la taquilla se me quedó viendo de una forma que tenía años que no recibía ¡y le planté un beso!

Ése fue el detonante para que, por primera vez en mi vida, hiciera algo que es clásico de la adolescencia: no ver la película porque uno se anda besuqueando y manoseando con la novia. Luego leí las reseñas (del filme obviamente ¬_¬) y me alegró que no haya sido una buena película que fui a "no ver".

Mientras nos besuqueábamos, como buen cobarde que soy, entré en terror; para lo candente que estaba la situación el acostarnos era una opción casi obligatoria pero, conociéndome, sabía que si me liaba con esta mujer, era factible que no pudiera liberarme. Esto producto de los anhelos y programaciones que me hacen desear una pareja, pero ya no quería tener que ver con hijos de otras personas.

Normalmente se dice que los hombres pensamos con la cabeza equivocada (la de abajo) en lugar de la que tenemos sobre los hombros. Tal vez sea de los escasos ejemplos en la historia pero, por una vez, no dejé que mi calentura se impusiera a mi sentido común o, en realidad, quién decidió fue mi terror a repetir mi matrimonio fallido.

Al salir del cine, me inventé otra personalidad acompañada de un cuento chino que me aseguraba un resultado ganar-ganar: sexo sin compromiso o matarle las posibles expectativas a esta mujer. Le dije: "Mira, me encantas, pero tengo que ser honesto contigo. En esta etapa de mi vida no estoy buscando algo serio, sólo una compañera que no exija mucho, a la cual pueda ver una o dos veces por semana, para salir a divertirnos (o sea, fornicar como perros) pero no quiero un compromiso tipo novios".

Ya sabía la respuesta de ella, con su educación tan chapada a la antigua, era obvio que no iba a aceptar el trato de "te cojo pero no somos novios", así que con cierta decepción en su mirada aceptó que la llevara a casa.

En la entrada de su casa nos despedimos, juro que veía sus ojos vidriosos, supongo que me había estudiado con tiempo y había puesto grandes expectativas en mí, por lo mismo no esperaba que fuera "igual que los otros", y ¡tenía razón! Pero, por mi seguridad, preferí que ella me calificara como otro "cerdo" de los que había conocido en lugar de asegurarse un excelente padrastro para sus engendros.

Para cualquiera que no sabe ver lo evidente, no lo voy a negar: no me quise acostar con ella para no

echarme el paquetote de criar a sus hijos, sin importar
que estuviesen muy pequeños.

Me sorprende el ojo excelente que tuvo al
reconocer en mí esa responsabilidad pero, sobre todo, al
notar que no la acosaba como el resto de cerdos. Por
eso, al notarme más tranquilo y sereno, supo que
igualmente la deseaba con pasión y lujuria, pero que era
lo suficientemente evolucionado para comportarme a la
altura.

No me arrepiento de lo que hice por las
siguientes razones:

1. No tengo la intención de criar hijos ajenos, por
   lo cual no me parecía justo de hacerla perder su
   tiempo al no encontrar lo que ella buscaba, por
   lo mismo no cometí la deslealtad de
   aprovecharme y tomar lo que ella me daba,
   como lo hacen la mayoría de hombres cuando
   ven a una madre soltera, en la cual identifican a
   una víctima fácil.
2. Al desconocer la existencia de los niños, mi
   intención era simplemente cogérmela (todas las
   veces que pudiera) y divertirnos un rato como
   pareja y, tal vez, con el tiempo forjar una
   relación seria . . . pero eso era porque no sabía
   que ella ya tenía un par de chamacos.

Sé que mis estúpidos prejuicios no tienen
justificación, por los niños no me interesó conocerla.
Por eso corté de tajo cualquier posibilidad, ni siquiera
me iba a dar la oportunidad de adentrarme más porque,
con el corazón de pollo que tengo, me hubiera acabado
enganchando de ella y me hubiera conformado con algo
que no quería.

Pero este prejuicio estúpido tiene una razón de ser: cuando tenía un año, mis padres se divorciaron, por lo que mi mamá se volvió a casar con un hombre que pagó mis estudios y manutención, en teoría, ocupó el lugar de mi papá.

Debido a esas lealtades que uno tiene hacia sus progenitores, "pagué" mi deuda de adulto al casarme con una mujer que ya había pasado un divorcio y traía una niña de esa relación. Es tonto, pero sólo me casé por ello, como alguien le había "hecho el favor" a mi mamá de casarse, a pesar de ser divorciada con un hijo, acabé pagando con la misma moneda para saldar mi deuda existencial.

Después de un matrimonio terrible, me quité esa deuda del corazón, además de que aprendí mucho y, aunque haya adquirido un prejuicio estúpido, decidí no volverme a relacionar en algo serio con madres solteras (Sean o no divorciadas). Sé que basarme en mi historia personal para relacionarme o no con cierto tipo de mujeres es ridículo, porque todos en esta vida somos distintos. Tal vez perdí la oportunidad de relacionarme con una gran mujer . . . . . o tal vez me salvé de un infierno mayor.

En mi caso, la experiencia pudo más que la esperanza, y opté por la opción más segura, a pesar de la potencial oportunidad perdida. Me gustaría que ella hubiera seguido sola un rato, para que se diera cuenta que podía salir adelante sin un hombre que la validara ante la estúpida sociedad. Ojalá lo haya logrado aunque, lo más seguro, es que haya encontrado a alguien que la apapachara porque, tal vez, era tanta su carga (y no estaba acostumbrada a eso) que necesitaba con urgencia a alguien.

Tal vez quiero pensar que acabó bien para no sentirme como el villano de la historia, aunque en realidad no lo soy, porque la que "echó a perder su vida" fue ella y mi camino se cruzó brevemente con el suyo.

Creo que es la única vez que he estado tan consciente del manejo de una potencial situación sentimental, ¿acaso esto es lo que sienten las mujeres cuando nos están midiendo? ¿Esto es lo que sienten los hombres tan atractivos que se dan el gusto de elegir a la mujer con la que se quieren acostar? No lo voy a negar, la sensación de tener "el sartén por el mango" es muy embriagante y poderosa porque, a excepción de esta ocasión, siempre ha habido incertidumbre en todos y cada uno de los cortejos que les he hecho a las féminas.

Finalmente, no creo que sea una mala mujer, de hecho creo que tenía buenos sentimientos e intenciones: al haberle tocado un hombre infradesarrollado (como lo son el 90% de mis congéneres) ella quería cumplir su sueño de una familia feliz con un buen tipo, esos que normalmente somos rechazados por chicas como ella durante toda la vida. Tal vez le dio un ataque de sentido común y se preocupó por el futuro de sus hijos antes de satisfacer sus deseos carnales.

Espero que le haya ido bien y que haya encontrado a un buen hombre que la merezca, la comprenda y con el cual pueda consolidar esa anhelada familia.

16 de Noviembre del 2012

Lealtad inconsciente

Sé que esto que voy a escribir no tendrá mucho sentido, pero ya estoy acostumbrado.

Después de mi divorcio me encapriché con una mujer, con características parecidas a mi ex-brujer, pero no tan desleal como aquella. Por más que la rondé, acosé, abordé, rogué y amenacé, la relación nunca se logró. Bien dicen que a las mujeres les gusta que les rueguen, no quien les ruega. Obviamente, al no tener respeto por mí mismo, era imposible que ella me lo tuviera. Viendo su historial y viendo el mío, me parecía ridículo que no me aceptara, así que me doy cuenta que también intentaba conquistarla por un necio orgullo.

Pasaron los años y ella se relacionó con quién no debía, mientras que ya no me relacioné con nadie más durante mucho tiempo. En ese período de soledad me ocupé de mi desarrollo espiritual, personal y, sobretodo, psicológico, lo cual me ayudó al crecimiento interno. A pesar de vernos a diario, cada cual siguió su camino.

Cinco o seis años después me di cuenta de que ella sabía, inconscientemente, que no podíamos estar juntos, ya que era casi un hecho que nos íbamos a lastimar. Creo que ella me quería demasiado para que nos acabáramos haciendo algo tan nocivo para nuestras vidas.

Sin que ambos lo supiéramos en su momento, ella tuvo mucha lealtad hacia mi persona, de alguna forma sabía que no estaba destinado a estar a su lado, que no era para ella. Esa misma lealtad de la cual careció mi ex-brujer la cual, egoístamente dijo "De aquí soy" y se aprovechó de este pobre pendejo, iluso e

inocente que anhelaba casarse para validar su
programada existencia.

Pasados los años, me vengo dando cuenta, todo
lo resentido o herido que estuve por el rechazo de
aquella buena mujer, me sentía menospreciado y me
decía: "Bueno, ¿quién se cree que es esta pinche vieja
para rechazarme?" pero hoy lo entiendo todo: se dio
cuenta que nos movíamos en mundos distintos.

Por supuesto que (conscientemente) ella quería
tenerme, de lo contrario nunca hubiera abierto tantas
puertas para que yo entrara aunque luego
(inconscientemente) las cerrara porque sabía, que a la
larga me iba a perder por las diferentes esencias que
tenemos.

A diferencia de mi divorcio, esa ruptura sí me
habría marcado definitivamente, al grado de exterminar
la nobleza que aún poseo. En verdad me conmueve su
lealtad hacia mi persona, pocas veces alguien se ha
portado tan bien conmigo y con mi bienestar.

Es triste que no se lo pueda agradecer
abiertamente porque, al ser su accionar inconsciente, si
se lo hiciera notar, la acabaría lastimando por dentro,
sobre todo considerando los patanes con los que se ha
relacionado.

Sin embargo, para agradecerlo en un plano
energético es por lo cual lo escribo. Este texto lo dedico,
en nombre de ella, para todas aquellas personas que, en
su momento, tomaron la decisión correcta, aunque no
fuese la decisión más ventajosa.

Por mi parte, en nombre de todos los
beneficiados de su lealtad, les agradezco por esa

integridad (consciente o inconsciente), misma que está
en peligro de extinción en el mundo actual.

18 de Enero del 2013

Feministas y Feminazis

Diariamente mando "La Frase del día" a mi lista de contactos personales. Recientemente salieron dos frases en donde se utilizaba la palabra "hombres" para definir a los "humanos". Muchas personas tomaron literalmente la palabra "hombres" pensando que hablaba del género y no de la raza, así que me reclamaron por no incluir a las mujeres.

Me sorprende lo limitados y programados que estamos a nivel social y cultural. Hemos llegado a tanta demagogia con el tema de hombres y mujeres que se ha acuñado un término que, para mí, es una auténtica pendejada: "Feminicidio".

Resulta que recientemente se reconoció el "Feminicidio" como un crimen grave cuya pena es mayor que el asesinato de un hombre. ¿Desde cuándo la vida de una mujer es más valiosa que la de un hombre? Es igual de estúpido que decir que la vida de un gringo vale más que la de un mexicano, que la de un blanco vale más que la de un negro o que la de un heterosexual vale más que la de un homosexual. ¡Esas son auténticas pendejadas!

La mayor parte de mi educación recayó en mi madre, así que tengo fuertes bases feministas, pero se trata de buscar equidad, no darle atole con el dedo a todas esas "Feminazis" que desean someter al hombre porque éste las ha sometido a lo largo de la historia.

Las auténticas feministas buscan equidad con el género masculino. Las Feminazis buscan someternos. Las feministas saben que no se logra la equidad con el día internacional de la mujer o con que las penas de sus asesinatos sean mayores a las de los hombres. La equidad consiste en que todos seamos tratados con los mismos derechos y obligaciones, no en que una parte sea más importante que la otra. Las Feminazis quieren eso, revertir la tendencia y tomar el poder.

Por eso mismo, la gente está tan estupidizada con que se mencionen, muy al estilo de Fox "Damas y Caballeros, Niños y niñas, Ciudadanos y ciudadanas, Ingenieros e Ingenieras, bailarines y bailarinas, conductores y conductoras, etc." ¡Eso no es muestra de equidad! ¡Eso es demagogia!

Muchos piensan que la equidad es darles apoyo para madres solteras, apoyo para mujeres maltratadas, apoyo para mujeres microempresarias. ¡Ésa es una manera de discriminación! A fin de cuentas es decirles que los padres solteros, los hombres maltratados y los microempresarios son más capaces que sus contrapartes femeninas.

Al dar esas dádivas, es como limpiar un poco el alma y seguir con las actitudes de desigualdad "Al fin que ya les dimos sus limosnas (llamadas convenientemente 'apoyos') para que dejen de estar fregando con lo de la equidad". Igualdad no son 'apoyos' a mujeres que minan su dignidad al calificarlas como inferiores, igualdad será una sociedad en donde dichos apoyos no existan, porque las condiciones están dadas para que todos tengan las mismas oportunidades, sin importar el género, raza, creencias, edad o tendencia sexual.

Esto se logra desde la casa, con la educación que se les da de "mamar" a los niños. Eso no lo va a resolver el gobierno ni la ONU con su día internacional de la mujer ni ningún organismo internacional. Eso es cuestión cultural y en un par de generaciones podría quedar resuelto. Por eso sostengo que las principales promotoras del machismo en este país son las propias mujeres.

11 de Mayo del 2013

Vanidad placentera

Saludar a alguna de las féminas que me gustan me suele dar mucha alegría pero, este día me di cuenta que, NO saludarlas también me puede dar ciertos placeres. Ambos casos ocurrieron con menos de una hora de diferencia en la tarde de hoy.

Ejemplo #1

Voy saliendo del baño y me dirijo a mi cubículo, cuando veo a una chica que me gusta, estoy a punto de hablarle pero me contengo, ¿por qué? Porque veo que se detuvo en mi lugar a ver si estaba y, al no verme, sigue su camino.

Por segunda vez me tuve que detener para no hablarle "También es sano que valore mi presencia al sentir un poco mi ausencia; que no siempre me encuentre, y que me extrañe un poquito".

Ella, sin saberlo, me dio un regalo esta tarde, al detenerse en mi lugar a buscarme, me hizo feliz.

Ejemplo #2

Otra vez iba regresando a mi lugar, pero ahora estaba fuera del edificio, así que al entrar por una de las puertas, veo de reojo a una chica que me gusta mucho, aunque ella no me había visto.

Antes de ir a saludarla, venía detrás de mí otra amiga (muy guapa pero que a ésta no la pretendo), así que opté a ponerme a platicar con ella y acompañarla a su lugar (que queda de paso al mío). Y me aseguré que "casualmente" la primera chica nos viera ¿Por qué? No lo sé, tal vez para que no se sienta tan segura de mi atracción por ella.

Creo que ha de ser un poco de orgullo, de cotizarse o de vanidad, pero es importante dar esas pequeñas señales de "No te sientas tan segura".

Podrá decir la gente "¡Qué cabrón!" "¡Qué culero!" "¡Qué mamón!" o "¡Qué creído!", pero ahora comprendo que es parte del juego, misma dinámica que las féminas me han aplicado durante años y que hasta ahora voy comprendiendo, porque al irte cotizando, el gozo de conquistarte es mayor.

Al final tampoco son tan importantes ambos casos por dos razones:

A) Siempre va a haber otra oportunidad de platicar con estas chicas, así que por una vez que no lo hagamos, no nos vamos a morir.

B) Porque ni siquiera sé si habrá o no algo que se concrete con ellas ya que, aunque son muy lindas, atractivas y llenas de cualidades, tal vez ni siquiera esté interesado en liarme en una relación sentimental. ¿Cómo explicarlo? Tal vez estoy entrando a un juego "inocente" de coqueteo para ejercer algo que nunca aprendí a aplicar en mi adolescencia,

En fin, hoy fue un buen día para mí (y para mi ego).

16 de Diciembre del 2015

Adriana

*Este texto lo escribí, originalmente, unos días después de haber conocido a Nadia, hace ya cuatro años **(De ella pueden leer en mi libro "La Musa que no se quedó")**.*

Aún no admitía que me había enamorado, aunque en el fondo ya lo sabía. Dentro de esa lucha interna que me tenía freakeado, surgió este breve homenaje a una chica que pudo haber significado mi todo pero, por decisiones (pendejas) que uno toma (y en las cuales soy experto), terminó siendo un simple recuerdo.

Ese remolino de emociones que aún no reconocía en mi pecho, me hicieron escribir esto, tratando de engañar a mi inconsciente al reconocer un pasaje decepcionante y con ello creer, de forma ilusa, que mis impulsos de amor se iban a acallar. A excepción de unas pequeñas actualizaciones, dejo el texto tal cual fue publicado originalmente, para ir reconociendo a mis errores disfrazados de demonios.

Era una chica decente, inteligente, guapa, educada, tranquila, respetuosa, de origen humilde pero con una familia muy unida, un dechado de virtudes que a cualquier chico le hubiera gustado tener por novia, y cuidarla como proyecto de relación a largo plazo. Creo que nunca en mi vida había conocido a una mujer con cualidades tan parecidas a las mías.

Adriana y yo entramos al mismo grupo en la preparatoria, y admito que me gustó desde la primera vez que la vi y, estoy casi seguro, era correspondido en mi sentir, ya que también la cachaba constantemente viéndome. Pero si todo estaba dado para que se diera una gran relación sentimental, ¿qué fue lo que pasó? Porque de haberse dado este escrito no existiría (*tal vez ni el mismo blog existiría*).

Cómo típico adolescente estúpido, uno está en busca de reconocimiento e identidad, por lo mismo se busca la popularidad a cualquier costo. A pesar de que me gustaba Adriana y me sabía correspondido, me encapriché con una de las chicas populares del salón, que todo el mundo pretendía, que tenía un novio mayor, la misma que se sentía princesa de la escuela y que nos consideraba a los demás una especie de lacayos a su servicio.

Ahora que lo pienso con calma, la chica popular en realidad no me gustó desde la primera vez que la vi pero, como todos la pretendían, entró esa estúpida programación adolescente de que lo que quiere la mayoría es lo deseable, aún sobre tus propios intereses. A pesar de la edad, no tengo excusa para mi estupidez, para ignorar el gran tesoro que tenía a la mano por buscar algo que, además de que no era lo que quería, estaba fuera de mi alcance.

Sin embargo, ése es un comportamiento muy humano, ya que en muchas ocasiones nos encontramos ante situaciones que claramente nos resultan favorables y las despreciamos en favor de lo que "deberíamos" anhelar, de acuerdo a las reglas de la estúpida Sociedad. Creo que si tuviéramos más personalidad, y amor propio, al momento de elegir lo que queremos, el sufrimiento personal en este mundo se reduciría considerablemente.

El hubiera es el tiempo de los pendejos pero, como me gusta flagelarme, vamos a analizarlo. Adriana tenía un potencial impresionante que yo hubiera podido explotar. Estoy seguro que nos hubiéramos complementado perfectamente. Ella venía de familia humilde, no tan pobre pero sí con limitaciones, de hecho ella era lo máximo en su núcleo familiar, ya que fue la primera en terminar la preparatoria, pero ya no siguió con la Universidad, por las pocas posibilidades económicas de su familia.

Si hubiéramos sido novios, de alguna manera, creo que la hubiera motivado y la hubiera jalado conmigo con lo que, hoy en día, estoy seguro que hubiera sido una profesionista exitosa. A primera vista, se podría decir que ella no me hubiera aportado tanto, ya que siempre estuve seguro que iba a tener un buen empleo, con un par de casas, idiomas y grados académicos, además de tener la posibilidad de viajar al extranjero y tener un nivel de vida acomodado para la sociedad en la cual vivo.

Sin embargo, a nivel personal, estoy seguro que ella me hubiera proporcionado esa dosis de humanidad y humildad que buena falta me hace, seguramente no odiaría a los homínidos como lo hago en secreto y, sin duda alguna, sería mucho mejor persona de lo que puedo ser en la actualidad.

Lo triste del asunto es que todo ese potencial que ahora identifico, no lo quería ver en aquellos años de escuela. Por más que intentaba acercarse a mí, y aunque no me desagradaba la idea, mi cobardía era mayor y siempre rehuía de ella. Así que, por más cualidades que uno tenga, va a acabar cansando a la persona que lo pretende.

Acabó relacionándose con el hermano de una amiga, un buen chico sin duda pero, sin falsas modestias, no poseía mis cualidades (aunque sí fue más inteligente que yo al relacionarse con ella). Ambos acabaron la prepa y ahí terminó su formación académica, ella por falta de recursos económicos y el novio porque no tenía mucha ambición que digamos. Al salir de la escuela ya no volví a saber de ella pero espero, de todo corazón, que haya alcanzado la buena vida que merecía una mujer de su calidad humana y que sea feliz.

Hoy en día, a pesar de ser tan huraño socialmente, increíblemente tengo algunas chicas que me pretenden, de hecho lo único que tendría que hacer es elegir una y darme la oportunidad de conocerla. Ahora identifico, con mayor claridad, cuáles son las cualidades personales que más me acomodan. Sin embargo, las que más me atraen son las que están más buenas, que también tienen sus cualidades personales, pero ciertamente no son las que más me convienen. En resumen, el hecho de que envejezcas no es un requisito para que se te quite lo pendejo. ¬_¬U

Uno supondría que he aprendido de lo que pasó hace más de dos décadas, que en teoría tengo la madurez suficiente para elegir correctamente lo que quiero y no lo que, se supone, debería querer. Pero bien lo decía Fritz Perls: "La vida no te da lo que quieres, sino lo que necesitas", el problema es que a veces uno es tan necio en lo que quiere en lugar de lo que necesita (o le conviene) que acaba echando a perder todo.

Lo más seguro es que no escoja ni a las sabrosas ni a las que no lo están tanto, así podré mantener mi Statu Quo de "inexplicablemente" soltero, así podré continuar con mis poses de "Nadie me merece" o la de víctima de que "Nadie se fija en mí". Así mantendré vigente ese complejo de superioridad/inferioridad que me ha definido en los últimos años. Al mantenerme solo, puedo seguir cultivándome en varios aspecto lo cual, irónicamente, me sigue haciendo inaccesible para gran parte de las féminas, porque así lo he decidido yo.

Y bueno, este último párrafo lleno de honesta mamonería, fue escrito para mí mismo, en un mensaje desesperado que me decía "Ni se te ocurra ir tras la maestra de baile. Tú eres feliz solo" pero, por más razones que intenté darme, de todas formas fui a tirarme al vacío. Aunque, viendo lo que no pasó con Adriana, me queda el consuelo de que con Nadia por lo menos lo intenté.

Dos de Abril del 2017

Mujeres en un mundo machista (Parte 1 de 3)

Advertencia: Este escrito está basado en mis experiencias y observaciones de lo que veo con las mujeres de **mi** entorno. No se trata de las mujeres en todas partes del mundo ni digo que todo aplique a usted (antes de que alguien se lo tome personal). Esto no es una investigación profesional ni seria, es un simple blog de alguien que tiene algo de tiempo libre (no tanto como el que me gustaría) y le gusta externar sus opiniones.

Aclarado el punto, comencemos. Y es que en muchas ocasiones nos reímos de chistes sin poner atención en lo que nos hace gracia.

Los chistes

Hace unos diez años, recibí el siguiente correo (cuando los chistes llegaban por mail y no por Whatsapp) y me hizo mucha gracia, se titulaba "Las ventajas de ser hombre desde la perspectiva femenina", el cual les dejo a continuación:

- Conservan su apellido toda la vida.
- La cochera es toda suya.
- Pueden tomarse un doce de cervezas sin remordimiento.
- Nunca quedan embarazados.
- Los mecánicos no les ven la cara de tontos
- Las arrugas les añaden carácter.
- Las canas les agregan atractivo.
- Los zapatos nuevos no les vuelven mierda los pies.
- Las llamadas telefónicas duran 30 segundos.
- Para unas vacaciones de 15 días necesitan sólo una maleta.
- Pueden abrir todos los frascos y botellas sin pedir ayuda.

- Les vale madre si alguien aparece en una fiesta con la misma ropa que ellos.
- Les vale usar el mismo traje en las últimas 12 bodas
- Se pueden comer un plátano en sitios públicos.
- Pueden ver televisión con un amigo en silencio total, durante horas, sin pensar: ¿Será que está enojado conmigo?
- Su ropa interior cuesta $ 139.99 pesos en pack de tres.
- Tres pares de zapatos son más que suficientes para todo el año.
- El mismo peinado les dura años, quizás décadas.
- No se les daña el esmalte de uñas ni se les corre la pestañita en una fiesta.
- Sólo tienen que afeitarse la cara.
- Pueden tener juguetes toda su vida.
- Pueden ponerse traje de baño sin impórtales cómo luzcan sus piernas.
- Pueden dejarse el bigote
- Pueden comprar los regalos de navidad para 25 parientes, el 24 de diciembre, en 25 minutos.
- No se preocupan nunca de qué vamos a preparar mañana para la comida.
- No tienen que probar que son peritos al volante aunque tengan tres accidentes al año.
- Pueden aumentar tres kilos y ni se dan cuenta.
- Con panza o sin panza, siguen teniendo pegue

Al leer esto me nació hacer un ensayo con ese mismo título ("Las ventajas de ser hombre") que iba a ser de tono chusco y sarcástico, en el cual iba a usar muchos de estos ejemplos que evidencian lo fácil que es la vida del hombre a comparación de la mujer. Dicho ensayo empezó a crecer y crecer, por la cantidad enorme de ejemplos que hay en una sociedad machista como la mexicana.

Días después recibí otro mail que decía que el idioma español es machista, así que daban los siguientes ejemplos:

Zorro = Hombre astuto
Zorra = Puta
Aventurero = Hombre intrépido
Aventurera = Puta
Hombre con experiencia = interesante
Mujer con experiencia = Puta
Hombrezuelo = hombre pequeño
Mujerzuela = Puta
Hombre Fácil = Buen carácter
Mujer Fácil = Puta
Puto = Homosexual
Puta = Puta

El problema no es el idioma, sino la percepción cultural de una sociedad que está enfocada en demostrar lo "putas" que son las mujeres aunque, irónicamente, son menos promiscuas a comparación de los hombres que, normalmente, somos los infieles y pirujos por naturaleza, con la salvedad que nadie nos dice nada y nadie nos señala.

Nueve años para terminar

Así que como eran temas relacionados, seguía redactando y seguía creciendo el texto. Conforme más redactaba, el tono chusco que le quería dar se fue perdiendo, ya que resultaba evidente que, a pesar de los años de supuestos avances, seguimos viviendo en un mundo machista por diseño.

Luego intenté dividir los temas, haciendo un escrito chusco y otro serio pero, al momento de escoger qué tema debería ir en uno y cuál en otro, me resultó muy difícil. Y no es que no sea divertido como hombre, porque no sufrimos la presión de las mujeres, pero para ellas no es tan sencillo. Así que eso complicaba la redacción.

Y así pasaron los años, a veces entraba al texto con la meta de terminarlo, pero la complejidad me absorbía, la procrastinación me invadía y lo volvía a abandonar unos meses.

Finalmente no pude separar ni dividir tópicos, ya que son demasiados, así que cambié el título, volví a replantear temas, unir todos los textos, tratar de darles una lógica para, posteriormente dividir todo el enorme ensayo en una trilogía.

Así que este escrito que iba a ser una broma (que todavía mantiene ese tono en algunas secciones), puede ser utilizado como crítica social o, por lo menos, eso pretendo. ¡Ah! Y sólo para aclarar, este no es un texto anti-hombres o pro-feminazis, porque esto es un tema de dos, porque no sólo los varones promueven el machismo y/o misoginia, ya que en muchas ocasiones las propias mujeres son incluso peores hacia sus propios derechos, todo por el afán de destruir a otra.

El antecedente personal

Tengo claro que en mi vida anterior más próxima fui mujer y, para esta reencarnación decidí ser hombre, ¿para qué? Para trabajar mi misoginia, porque no hay ser más misógino en el mundo que una mujer (por lo menos la mujer mexicana y, supongo, la latina).

No sé cómo le hice pero, al renacer, mantuve mucha de la esencia femenina conmigo, ya que no soy tan hombre como el resto, y no es porque sea gay, sino porque me faltó adquirir ese instinto de cazador del varón promedio, y es por eso que cojo tan poco -_- . . . . ejem . . . pero ése no es el tema.

A veces me pongo a pensar por qué quise ser hombre, y me doy cuenta que fue para entender mejor a animales tan simples y, en ocasiones, despreciables como lo somos los varones ya que, siendo honestos, la mujer tiende a ser más evolucionada y consciente que su contraparte masculina (regla que no siempre se cumple, pero sí la mayoría de las veces).

A pesar de vivir en un mundo machista, me encantaba ser mujer ¿la razón? En realidad no puedo contestar porque llevo más de cuatro décadas siendo hombre, pero tengo la certeza que me encantaba ser mujer y que, para mi siguiente reencarnación lo volveré a ser con gusto. No es casualidad que más del 70% de mi círculo social sean féminas, porque las encuentro más interesantes e inteligentes, por algo resueno más con ellas, que con las bestias básicas que resultan ser la mayoría de mis congéneres masculinos.

Otra de las razones por las que quise ser hombre fue para volverme la excepción que confirma la regla: para no ser tan hijo de la chingada, para ser sensible, para tratarlas bien y, al mismo tiempo, para servir de evidencia contundente contra su falta de congruencia ¿A qué me refiero? Aunque uno puede ser lo que las féminas piden de manera teórica, nunca se van a conformar, ya que ellas no saben lo que quieren porque, como dicen por ahí, cuando una encuentra a su príncipe azul, no es del tono de azul que ella quería.

Así que ésa es una de las desgracias de ser mujer: nunca conseguir lo que supuestamente quieren, a no ser felices con lo que tienen y anhelar lo que tiene otra de sus congéneres. Y es que su cerebro piensa tanto que lo que quieren está en constante cambio, sus prioridades van evolucionando a una velocidad que es imposible de complacer ¿y cómo puedo afirmar esto tan contundentemente? Porque esa característica me la traje de mi vida anterior, por eso mismo soy un hombre complicado. Así que como la vida femenina no es fácil, decidí darme un "break" y tener una existencia sencilla como hombre.

La leyenda de la amistad femenina

La amistad sincera es una delicia de ser hombre, ya que la conocemos de buena calidad y de manera generosa, producto de que somos más sencillos, por no decir simples. En cambio la amistad entre mujeres es más compleja y difícil de lograr.

Los hombres podemos ser amigos entre nosotros y con las mujeres mismas (independientemente que nos las queramos coger H_H), de hecho somos mejores amigos con ellas que ellas mismas, ya que la amistad entre mujeres es muy rara y débil (aprovechan cualquier pretexto para tornar ese vínculo en enemistad y pasar de ser la mejor amiga a la peor enemiga). Así que muchas féminas prefieren ser amigas de nosotros los varones (y están felices de ello) porque con otras mujeres tienden a odiarse.

Casi todas mis amigas abiertamente me han dicho que es más fácil tener una amistad con hombres que con otras mujeres, ya que entre ellas siempre hay envidias, competencias, inseguridades, falsedad y celos. Ellas normalmente están en una lucha de poder constante entre sí, por lo cual está cabrón que tengan un vínculo amistoso honesto y leal.

Entre los varones hay más lealtad, y no es porque así lo queramos, en realidad es algo instintivo, por eso siempre nos cubrimos unos a otros. Yo mismo me he encontrado cubriendo las infidelidades de otros hombres que ni siquiera conozco, ¿por qué? No lo sabría explicar, simplemente es lo "correcto" entre nosotros.

Con las mujeres es diferente porque, así lleven una amistad de años, es más factible que una fémina delate a otra ¿por qué? Por territorialidad, por envidia, por poder, no lo sé, ni ellas mismas los saben, pero es más fácil que una fémina confíe sus secretos íntimos a un hombre que a una "amiga", por el riesgo latente y permanente de que sea traicionada por su congénere.

Y no porque no puedan ser discretas, porque son perfectamente capaces de cubrir a un hombre más que a otra mujer. Y no es de gratis, ya que si una fémina se atreve a delatar a un varón con otra mujer, es más factible que la engañada la emprenda contra la soplona con el pensamiento de "Esta perra busca robarse a mi hombre, por eso quiere que rompamos".

Por esa misma deslealtad femenina, es más fácil, y menos estresante, ser hombre, porque no debemos de cuidarnos de nosotros mismos, ya que tenemos discreción asegurada y libertad de actuar. Las féminas no, ya que prácticamente están solas en dicha pelea contra la sociedad, entre mujeres que las quieren traicionar y hombres que se las quieren coger.

Es por eso que esa frase que reza "El peor enemigo de una mujer es otra mujer" es del todo cierta. Es casi imposible que un hombre odie a otro sin alguna razón justificada, a diferencia de ellas que pueden odiar a otra "porque sí", y es que las féminas son muy territoriales, envidiosas e inseguras.

La libertad sexual

Hasta donde tengo entendido, sólo hay dos tipos de mujeres: las que cogen y las que vuelan y como nunca he visto ninguna volando, tengo entendido que tanto a hombres como a mujeres nos encanta copular.

Sin embargo, hay una diferencia entre ambos géneros: el hombre piensa en sexo casi todo el tiempo, mientras que la mujer lo hace con menos frecuencia, esto por dos factores: la mujer tiene muchas cosas en la cabeza que resolver, mientras que el hombre tiene una cabeza exclusiva para "pensar" en sexo y otra para el resto de decisiones, pero sólo estamos habilitados para utilizar una a la vez (y casi siempre decidimos con la equivocada).

Y eso va más allá de la vestimenta, ya que las mujeres deben cuidar también sus movimientos y acciones para no ser acosadas (de manera indirecta) por ellas mismas. Por ejemplo, nosotros podemos comernos un plátano sin que nadie nos vea con lujuria, algo que ellas no pueden presumir.

Podemos coger y presumir de ello sin que nadie nos señale, mientras que a la mujer se le tildará de puta si tiene más de una pareja sexual (sin importar que no tenga ninguna relación vigente).

La otra vez escuché una teoría interesante sobre ello (de Franco Escamilla). Y es que el hombre generalmente está dispuesto a coger, incluso con un poco de motivación (alcohol, vestidos cortos y palabras sugerentes) puede bajar sus estándares y copular casi

con cualquier mujer (hay algunos que se les quita el
"casi"), Así que coger con muchos de nosotros no es
motivo de orgullo, sino de desfachatez o de moral ligera
(o sea, putería).

En el caso de la mujer es diferente, porque ellas
tienen una reputación que cuidar, además de que son
más complejas, porque normalmente para coger
necesitan un motivo (el hombre sólo necesita un lugar).
Así que si un hombre logra copular con diversas
féminas, se le reconoce el logro.

¿Es eso justo? Obviamente no, pero yo no puse
las reglas, sólo las explico como son. Supongo que si las
propias mujeres dejan de calificarse entre ellas mismas
como "Putas" por ejercer su libertad sexual, esta presión
y percepción cambiara en toda la sociedad e,
irónicamente, los hombres nos veríamos beneficiados
¡porque cogeríamos más! :'-).

Y eso nos lleva a las exigencias físicas, pero con
ese tema continuaré en el siguiente escrito de esta saga.

Ocho de Abril del 2020

Mujeres en un mundo machista (Parte 2 de 3)

En el escrito anterior cerré con el tema de las diferencias de libertad sexual entre ambos sexos. Y siguiendo con ese tema, también se ven afectadas las exigencias en cuanto a cuidado personal.

Exigencias físicas

Otra ventaja que tenemos de ser hombres es que, justamente, no tenemos forzosamente que competir con otros varones para poder ligar. ¿A qué me refiero? Si un hombre no es guapo, fuerte o la tiene grande, aun así tiene otras cualidades que ofrecer para resultarle atractivo a las mujeres.

Sin embargo, si una mujer no está guapa y/o sabrosa, su cruzada para conseguir pareja será más difícil, ya que los hombres somos muy visuales y, aunque encontremos a una fémina con personalidad, brillante, culta, poderosa o rica, es muy difícil que nos quedemos de manera auténtica con ella si está fea, porque el atractivo físico nos es vital. Obviamente esto habla bien de las mujeres y mal de nosotros pero, por desgracia, a ellas les toca lidiar con nosotros y, por fortuna, a nosotros con ellas :-)

Por ello el hombre todo el tiempo anda "sabroseando" a cuanta fémina pasa enfrente, con excepción de las gordas (aunque hay enfermos que hasta a las obesas checa). Es bien sabido que a las mujeres eso les incomoda y, también es bien sabido, que a los hombres nos vale madre, porque es algo instintivo el voltear y "checar la mercancía". Y es que como varones nadie nos sabrosea (o somos tan brutos que no nos damos cuenta), así que vivimos tranquilos y nos podemos ver cómo queramos con la tranquilidad que nadie se va a fijar en nosotros.

Tristemente ellas deben luchar contra todos, en especial contra la mujer misma, porque es su más grande enemiga en todos los aspectos. Por eso las féminas se visten para otras mujeres, ya que al hombre le agrade es secundario. Y es que su arreglo es su manera de defensa al decir "¿Qué te parece perra? ¿Te gusta?"

Pero no sólo es la vestimenta, también les checan el físico. Durante toda su vida las aleccionan para que procuren su valía a través de su belleza y, como es lo más valioso que muchas tienen que ofrecer, cuando ésta se la acaba, se va devaluando su valor como persona.

Si las educaran para privilegiar el resto de sus aspectos con la misma importancia que su belleza física, creo que la lucha contra la sociedad sería menos desleal y hasta tendrían una vida más agradable o, por lo menos, menos estresante.

Tristemente el ver a una mujer como un pedazo de carne no es algo exclusivo de los países latinos, sino alrededor del mundo, y no hay mejor ejemplo que Miss Universo, el certamen que premia a la fémina más sabrosa y/o apetecible.

Sé que existe algo llamado "Míster Universo" pero es algo más de fisicoculturismo (y también hay su versión femenina), pero ninguno de estos eventos recibe la promoción por saber cuál es la mujer más atractiva del mundo. Y la atención que recibe alrededor del mundo es muy grande, sin importar la época o grupo social, étnico, de género y demás. La atención que

recibe Miss Universo es proporcional al enfoque de
"pedazo de carne" que recibe la mujer, esto sin importar
que cada vez pierda popularidad y que le metan más
"cualidades" no físicas para ganar el certamen.

Diferencias de memoria

Varios autores lo han dicho, de una u otra
manera, y en resumen es que se dice que, para ser feliz,
hay que tener mala memoria. Los hombres le sacamos
mucho provecho a esta ventaja.

Y es que a nosotros nos valen madres muchas
cosas, así que tendemos a olvidar más rápido la mayoría
de ellas, por lo que tenemos una vida más pacífica. Las
mujeres no, ya que tienen memoria de elefante, por lo
cual tienen la capacidad de recordar todo, en especial
aquello que las hizo encabronar, así que siempre lo
tienen presente y eso las atormenta regularmente.

Dentro de este tema, los varones tenemos el
súper poder de no pensar en nada, en absolutamente
nada, y eso es una maravilla, porque le damos un
descanso a nuestro cerebro y, por ende, eso ayuda a
nuestra tranquilidad emocional. Y es que nosotros
somos simples, sencillos, y como no cavilamos tanto,
nuestra vida es relativamente fácil, nuestro cerebro y
estructura de pensamiento no es tan complejo.

Por otro lado las mujeres tienden a pensar de
más todo el tiempo, por ejemplo: "¡Maldita sea! No
tengo novio, eso es una señal de que nadie se va a casar
conmigo, entonces no voy a tener hijos, y nadie me va a
querer, y voy a tener que comprar muchos gatos para
que me acompañen y entonces seré como la tía Silvia
que tanto critico, y mis amigas (todas casadas con
hombres exitosos e hijos perfectos) me van a despreciar

y por ende mis gatos también me van a despreciar, pero
no me voy a suicidar para no darles el gusto de tenerme
lástima a esas pinches perras, además si me suicido, el
karma me va a perseguir en mi siguiente reencarnación
y no puedo hacer eso" y todo esto pensado por una
chica que apenas tiene 15 años ¬_¬U

Y no es broma, las mujeres todo el tiempo están
piense y piense, a veces para flagelarse, a veces para
vengarse, a veces para ver qué les conviene más o,
simplemente, para ver qué demonios van a comer tienen
que enredarse mentalmente.

Piel, digestión y grasa

Otra gran ventaja masculina es nuestra piel
gruesa, ¿por qué? Porque no se nos nota la celulitis. El
hombre también tiene celulitis, pero es raro que se nos
note, mientras que al 90% de las mujeres, por más sanas
y deportistas que sean, eventualmente se les va a notar
la piel de naranja.

Una de las maravillas de ser hombre es el
sistema digestivo. Por ejemplo, después de ir a un
restaurante de cortes de carne, a las siguientes dos horas
ya había defecado tres veces, dejando mi estómago en
un nivel más manejable y evitando las molestias de la
panza llena.

En el caso de mis amigas, muchas me confiesan
que si van una vez al día está bien y que en ocasiones
hay días que ni van (eso sí me parece una aberración), y
que si algún día van dos veces hasta fiesta quieren
hacer. No soy psicólogo, pero me atrevería a decir que
esto es porque suelen ser más aprensivas y nosotros más
relajados, lo cual se refleja en su digestión.

Pero también se da esto porque nuestro metabolismo está más acelerado que el de las féminas, así que no sólo cagamos más rápido, también bajamos más rápido de peso porque quemamos la grasa con más eficiencia, es por ello que podemos tragar como cerdos y no engordar tanto (obviamente la edad después ya hace lo suyo y tenemos un organismo menos eficiente). Pero esto no es de gratis.

Naturalmente la mujer tiende a acumular el doble de grasa que el hombre, esto debido a la posibilidad de engendrar, así que necesitan tener "reservas" potenciales al momento de concebir y amamantar al chamaco. Así que, sin importar que les interese tener hijos o no, siempre van a tener más grasa.

La posibilidad de engendrar no sólo las afecta con la grasa, también con la temperatura. De manera natural, la mujer concentra gran parte de su calor corporal en la zona del vientre, en donde se gestaría el potencial engendro. Es por ello que tienen las extremidades frías, así que suelen ser más vulnerables a climas bajos. El hombre, por el contrario, tiene la temperatura mejor distribuida, ya que no puede concebir, así que el calor está repartido uniformemente, lo cual le ayuda a lidiar mejor con el frío y, de paso, con el calor.

Volviendo al metabolismo acelerado, tenemos tres ventajas por ello: la primera es que, generalmente, vivimos menos, porque el metabolismo rápido nos va acabando por dentro pero, irónicamente, por fuera nos desgastamos menos físicamente, así que somos los menos que vivimos muchos años para sufrir los achaques de la vejez. Tal vez por ello nos enfermamos menos, ya que las mujeres tienen tendencias

hipocondriacas, porque siempre se están enfermando de
todo.

Cambios hormonales

Como hombres no sufrimos cambios hormonales
significativos, lo cual voy a ejemplificar con la siguiente
situación.

En una ocasión me vestí con una corbata de
calaveritas, una de mis compañeras me cuestionó si la
prenda reflejaba mi estado de ánimo, a lo que le
contesté negativamente. Y después se dio el siguiente
diálogo:

Manuela: "¿Cómo seleccionas lo que te vas a poner a
diario?"
Hebert: "Lo escojo un día antes"
M: "Yo selecciono mi atuendo de acuerdo a mi estado
de ánimo"
H. "Yo también"
M: "Pero ¿Cómo puedes saber tu estado de ánimo un
día antes?"
H: "Fácil, soy hombre"
M: "Ja ja ja, ¡Tienes razón! Ojalá yo también fuera
hombre"

No quiere decir que los hombres no tengamos
cambios de humor, pero ciertamente no son tan
frecuentes como las mujeres que, por cuestiones
hormonales, pueden estar pletóricas o fúricas en el
transcurso del mismo día, ¿Qué digo del mismo día?
¡En una misma hora pueden mostrar ese patrón!

Los hombres tenemos un carácter más uniforme,
más predecible, y así podemos tomar decisiones futuras
sin preocuparnos por si vamos a sentir lo mismo en

tiempos próximos. Claro que estamos expuestos a cambios de ánimo pero, a menos que haya algo realmente relevante (enamoramiento, muerte de un familiar, un despido, una derrota de nuestro equipo favorito, etc.) en realidad nuestro humor es bastante uniforme.

Bendita inmadurez

Se dice que el hombre no madura hasta como los 80 años (y eso los más desarrollados), así que nos quedamos estacionados en la adolescencia gran parte de nuestra existencia. Eso podrá sonar como una desventaja pero, en la realidad, eso nos permite divertirnos más.

Estábamos en la oficina mis compañeros y yo, cuando de manera casual, empezamos a actuar el final de "Rocky", cuando Stallone se pone a gritar como desesperado "¡Adrián! ¡Adrián!", y ahí nos ven: cuatro varones entre los 35 y 45 años gritando incoherencias al estilo de Rocky "¡mña mña MÑAAAA!!" y nos empezamos a reír de nuestras estupideces. Mientras tanto, nuestras cuatro compañeras de al lado se nos quedan viendo y preguntan "¿Pero qué demonios hacen?" Y respondemos algo ofendidos "¿Qué no es obvio? ¡Estamos jugando a que somos Rocky!" y seguimos con nuestros sonidos guturales mientras las mujeres mueven la cabeza y regresan a trabajar.

Independientemente de su aprobación o reprobación, las mujeres sabían que no podían actuar igual que nosotros, porque de ellas siempre se espera que actúen de manera seria, recatada y madura, mientras que de nosotros nadie espera nada de eso, sólo el sentido mínimo de decencia y que nos aprendamos a comportar cuando se requiere.

Otro ejemplo, en alguna ocasión nos sacamos una selfie panorámica, en donde nos recorríamos para salir dos o tres veces en la misma foto. Nos reímos con la planeación, el proceso y el resultado. Las mujeres sólo se reían pero no querían participar "Porque no querían verse bobas". Y ésa es otra ventaja de ser hombre: tienes permitido hacer estupideces y nadie te va a juzgar, justamente porque eres varón.

Siguiendo en la oficina, constantemente nos pedorreamos y dejamos que alguno de los otros se lo "fumé" tanto como sea posible. Pero en una ocasión que me tiré un pedo, mi compañero de al lado empezó a utilizar una libreta para mandar el olor al otro lado, pero los otros dos sujetos empezaron a hacer lo mismo para devolvérnoslo. El caso es que se volvió una batalla por enviar la flatulencia al otro lado, y terminamos hasta las lágrimas de tanta risa, mientras que las mujeres nos criticaban por ser unos cerdos pero, honestamente ¿saben lo que vale reírse a carcajadas hasta que se te salgan las lágrimas? Es de los mejores sentimientos del mundo, sin importar que te llamen pedorro.

Creo que una mujer nunca va a comprender lo que se siente ser hombre. Les puedo decir que, desde que era niño, siempre me la he pasado jugando y divirtiéndome cada día de mi existencia, riéndome de muchas estupideces y siendo feliz por mi carácter, esto sin importar si estoy solo o acompañado. ¿Acaso soy inmaduro? Sin duda alguna ¿Soy el único? No lo creo. Aproximadamente el 90% de los hombres somos niños sobredesarrollados, de hecho la adolescencia masculina se prolonga durante décadas así que, efectivamente, somos una bola de inmaduros pero ¿saben algo? ¡Nos divertimos horrores!

Definitivamente las mujeres no nos comprenden, porque siempre están empecinadas en que maduremos, en que cumplamos sus expectativas además que, pareciera, les molesta nuestra felicidad infantil, y por ello están enfocadas en truncarnos esa alegría y diversión que, como ellas no se les educa para ello, intentan quitárnosla, pero eso no se puede; o sea, claro que podemos fingir madurez y comportarnos por presión femenina, pero a la primera oportunidad, volveremos a ser esos chamacos despreocupados que normalmente somos.

Pero eso tiene un origen detrás, pero de eso hablaré en el escrito de cierre de esta trilogía.

Ocho de Abril del 2020

Mujeres en un mundo machista (Parte 3 de 3)

Mencionaba en el escrito anterior que los hombres siempre seremos unos chamacos inmaduros y que las mujeres siempre buscan "reformarnos" y que actuemos conforme a nuestra edad. Y hay una razón para ello.

Matrimonio: invento masculino, anhelo femenino

No se les puede culpar a las féminas, ya que así fueron educadas: para casarse, tener hijos, formar una bonita familia junto a un hombre estable, sereno y maduro es lo que ellas quieren como piedra angular para su tan anhelado clan.

Aunque el matrimonio fue un invento masculino (un autogol artero a la naturaleza de nuestro género), fue una creación que le cayó como anillo al dedo a la naturaleza femenina. Con esa atadura el hombre no podía seguir andando de "Pito fácil" y regar hijos por doquier, sin asumir sus responsabilidades aunque, en realidad, el matrimonio se creó por cuestión de recaudación de impuestos más que por temas morales.

Con el matrimonio se creó un candado social para encadenar al hombre y es que, estamos tan hechos a la libertad que fue necesario crear algo que nos contuviera en algo tan antinatural como lo es una relación monógama cuando somos polígamos.

Pero además hay otra razón por la cual las mujeres anhelan casarse y tener una familia, mientras que para el hombre eso no es tan relevante.

Solas

Cada vez veo más artículos que motivan a la mujer a que viaje sola, sobre todo a lugares en donde es notorio que hay una seguridad mayor para ellas. Ciertamente dichos artículos son inspiradores para las féminas, ya que las motivan a aventarse por su cuenta a descubrir el mundo.

Lo triste del asunto es que se tengan que identificar lugares seguros para las mujeres, cuando debería ser automático que si un lugar es seguro para nosotros, también debería serlo para ellas.

Y es que esto no es algo exclusivo de México, ya que hay muchos lugares y situaciones alrededor del mundo que resultan peligrosas para ir sola o acompañada de otra mujer, es necesario llevar a un hombre, lo cual suele disminuir el riesgo sustancialmente.

Tristemente en México si una mujer sale sola puede ser acosada, violada, secuestrada o asesinada, y no es necesario que sea de noche o en un lugar solitario, ya que ese riesgo está latente en casi cualquier situación de su vida cotidiana.

Es por eso que las educan a que todo el tiempo anden acompañadas, incluso hasta para ir al baño, ya que son raras las situaciones en donde dejan a una mujer ir sola a algún sitio. Y así las van programando para una codependencia hacia otro ser humano que las haga sentir protegidas.

Esta inseguridad permea profundamente en su inconsciente por lo que, normalmente, no se atreven a ir a casi ningún sitio solas como una fiesta, al cine, salir a comer o, como ya fue mencionado, irse de vacaciones por su cuenta. Culturalmente si ven a una mujer sola en alguna de las situaciones pasadas "Es que algo malo debe tener", cuestionamiento que no es aplicado a un hombre en las mismas circunstancias.

Todas esas actividades las hago constantemente solo y soy muy feliz, así que me puedo imaginar la frustración femenina de tener que depender de compañía para hacer muchas cosas.

Cuidar apariencias

Las mujeres deben de cuidar las apariencias en público. Por ejemplo, en grupos mixtos que tengo en Whatsapp, llego a mandar algún chiste misógino, sexoso o políticamente incorrecto, así que las mujeres reaccionan y se ofenden. Casualmente, si se los mando directamente a ellas, se ríen y me agradecen por mis puntuadas.

¿En qué radica la diferencia? En lo que perciben los demás. Un hombre puede hablar abiertamente de sus deseos sexuales y no será censurado por la sociedad. Sin embargo, si una mujer admite que le encanta la verga más jugosa, será tachada como una puta, sin importar que sea la pareja más fiel del mundo.

Y es que, por cada regla que restringe al hombre hay 10 para las mujeres, esto de cualquier índole (social, legal, familiar, sexual, etc.), así que ellas no gozan de nuestra libertad para ser, opinar o explayarse. Y es que las observan todo el tiempo y tienen el temor de ser juzgadas, es especial por otras mujeres, mientras que a los hombres simplemente nos vale madre

¿Cómo lo sé? Porque tenía una amiga que era igual a mí en sus manías, sus formas de expresarse y de pensar. ¿Acaso la sociedad nos trata igual? ¡Para nada! A mí me celebran mucho y dicen que soy original, excéntrico o auténtico, mientras que a ella le dicen que está loca, que es hormonal, neurótica e inestable.

¿Es justo que por el mismo comportamiento se reciba un trato diametralmente opuesto sólo por el género de las personas? Naturalmente es una pregunta retórica porque la respuesta es obvia.

Vestimenta

Hablando de la vestimenta, es una bendición ser hombre, ya que no tenemos que vestirnos con mucha variedad, ya que con un traje tenemos para todas las bodas, mientras que la mujer debe ir con un vestido diferente a cada evento (o por lo menos dar esa impresión), porque el resto de viejas chismosas la van a estar escrutando y como recuerdan todo, sin duda dirían "¡Ése ya se lo puso!" en caso que se atreviera a repetir.

Como hombre tienes la ventaja que no necesitas tanto arreglo ni producción, la sociedad no nos la exige y a nosotros no nos importa. El problema es que a la mujer la critican hasta por cosas que ella no usa, lo cual voy a ejemplificar en el siguiente pasaje.

Odiaba a mi exbrujer por muchas causas, entre ellas que me dejaba el 90% de las labores y los gastos del hogar a mí, a pesar de que ganábamos casi lo mismo (y el pendejo de mí que lo permitía). Cuando me empezó a hartar, hice uso de uno de mis "derechos" machistas y salí de la casa con la camisa sin planchar, para darle un escarmiento a la muy huevona. Ella me estuvo pidiendo que no saliera así, porque sabía la que se le venía.

NADIE en la oficina me hizo algún comentario negativo directo, los únicos comentarios fueron hacía ella, que porque había permitido que su esposo saliera con esa facha. Ella sí sintió lo cruel que es una sociedad machista, porque todo el día recibió ataques constantes sobre MI apariencia (en especial de las propias mujeres).

Ni siquiera tuve que mentir, porque dejé en claro que fue mi decisión ponerme la camisa así y, a pesar de ello, nadie me lo recriminó, sino que ella fue evidenciada como una huevona e irresponsable. A partir de entonces, para los pocos meses restantes que seguimos viviendo juntos, nunca se le pasó planchar, en especial mi ropa (una de cal para todas las de arena que ya había aguantado).

Ese pasaje se dio hace 15 años, pero la realidad no ha cambiado. Platicaba con una amiga al respecto y hacíamos el siguiente ejercicio:

Si ella sale desarreglada, la sociedad la critica a ella
Si su esposo sale desarreglado, la sociedad la seguirá criticando a ella (nunca a él)
Si su hijo sale desarreglado, la sociedad seguirá criticándola a ella, sin importar que el chamaco tenga 12 años y el criterio suficiente para arreglarse o desarreglarse.

Ahí me hice consciente del ahínco con que mi madre nos arreglaba y limpiaba desde pequeños, obviamente a nosotros nos valía madre, incluso encontrábamos su obsesión molesta porque a nosotros no nos importaba nuestra apariencia (de niño aún no tienes tan marcados esos prejuicios).

Sin embargo, ahora soy consciente de la letanía que repetía mientras nos limpiaba "¿Cómo los hijos de una enfermera pueden estar así de sucios y desarreglados?" Así que nos arreglaba por los prejuicios dobles hacia ella (mujer y enfermera), no tanto por nosotros. Tal vez, en una población más pequeña y libre, mi madre nos hubiera dejado andar libres y sin fastidiar tanto con nuestra apariencia. Y ya que toqué el tema laboral.

Presiones laborales

En mi vida profesional he tenido jefes hombres y mujeres, trabajar para ellos es más fácil, porque no suelen ser tan exigentes y meticulosos como ellas. Cuando llego a tener confianza con mis jefas, les llego a cuestionar "¿por qué son tan perras e hijas de la chingada en el aspecto laboral?" Obviamente lo de "perras e hijas de la chingada" debo cambiarlo por "exigentes", porque alguna podría ofenderse (¬_¬U)

Su respuesta no me sorprende y, grosso modo, se resume de la siguiente manera: "Cuando eres mujer y llegas a una posición de poder, la gente se pregunta que a quién le diste las nalgas para hacerte merecedora a esa promoción. Así que debes ser más cuidadosa con los detalles, no dejar ningún cabo suelto, para demostrar que estás ahí por lo que sabes, no porque hayas cogido con alguien".

Así que, a diferencia de sus contrapartes masculinas, las jefas deben lidiar con el triple de presión: primero la natural de su puesto; en segundo lugar la de la sociedad que está observando si efectivamente es capaz para dicha posición; por último, si tienen la desgracia de ser amas de casa y/o madres, que no descuiden "su" familia.

Al hombre sólo se le pide ser buen jefe, si no tiene buenas decisiones nadie lo cuestionará más allá de lo normal y, si no llegara a tener tiempo para su familia, es "natural" porque tiene otras obligaciones más importantes.

Breve conclusión

Al final esta serie de escritos es una breve muestra, entre chistes y casos serios, de lo difícil que resulta para una mujer vivir en un mundo que durante siglos ha sido moldeado por y para el hombre.

Ciertamente se han hecho grandes avances en las últimas décadas, pero falta mucho por trabajar. Y no, no soy de la idea de darles un trato preferencial por el simple hecho de tener vagina, porque así se tendría que hacer con los homosexuales, negros, judíos, inválidos, enanos y cualquier grupo que se vea en riesgo de ser víctima de discriminación.

La otra vez escuché en la radio un spot (de nuestro pendejo gobierno) que decía que por primera vez ambas cámaras (diputados y senadores) eran presididas por mujeres, además de que estaban orgullosos de que ambas estaban niveladas entre hombres y mujeres en un 50/50.

Pero mi duda es ¿esto garantiza un mejor trabajo en ambas cámaras? ¿Esto quiere decir que van a ser más eficientes? ¿Acaso fueron electos los mejores para el puesto? Personalmente no me interesa si me gobierna un gay, una mujer, un judío, un negro o un perro (actualmente nos gobierna un burro, pero ése es otro tema). Lo que más me interesa es que hagan el mejor trabajo posible sin importar sus características personales.

No se trata de darles privilegios gratis a las mujeres por el simple hecho de su género, sino de propiciar un mundo en donde no importen tus características individuales para que se te trate con un grado diferenciado de respeto. Lo ideal es que habitemos en un mundo justo para todos.

¿Esto va a pasar? Conociendo al humano, NO, no va a pasar. Así que supongo que los parches en las leyes que benefician a las mujeres de manera artificial serán necesarios para asegurarles grados mediamente justos (o menos injustos) contra todos los beneficios que tenemos los hombres simplemente por tener pito y actuar de manera heterosexual.

Ocho de Abril del 2020

Decepciones femeninas

Como he comentado en otros escritos, mis
relaciones más importantes han sido con las mujeres, y
no me refiero sólo al aspecto sentimental, sino al plano
de amistad, ya que las féminas suelen ser más
interesantes y profundas que mis congéneres
masculinos, que son pocos los que me aportan algo
valioso (que los hay y también los tengo como amigos).

Sin embargo, no todas las mujeres en mi vida
son valiosas, ni inteligentes ni profundas, ya que
también las hay incongruentes, insufribles y hasta
tontas, y me voy a permitir compartir algunos casos que
me tocó presenciar en días pasados.

Invocando al COVID

Hay una mujer que, en un grupo de Whatsapp, es
la más apasionada con el tema del COVID, tanto que
llegué a tener una discusión con ella, en el mismo chat
grupal, sobre que es una simple gripa. Pero como ella
está muy dogmatizada con el tema, mejor terminamos la
discusión antes de que se elevara (aún más) de tono.

El caso es que está obsesionada con dicha gripe,
y es de esas personas que desinfecta todo, todo el
tiempo anda con la mascarilla, y no sé cuántas veces al
día se pone gel antibacterial, llegando incluso al límite
de cambiar de escuela a su hijo porque no estaba de
acuerdo con el retorno a clases presenciales.

En la semana nos escribió "Muchachos recen por
mí y mi familia, ya que tenemos COVID" y,
automáticamente, pensé "Tanto va el agua al cántaro
hasta que se rompe" y es que con su obsesión hacia la
enfermedad, la acabó atrayendo.

Sin embargo, tampoco fue congruente con su postura, ya que me comentaron que publicaba, en redes sociales, sus desayunos en restaurantes y que ya estaba yendo a fiestas, así que pues ella misma se arriesgó, y no la critico por ello, yo mismo sólo cumplo las restricciones que me imponen, de lo contrario, no hago nada.

No, lo que me molesta es que estuvo chingue y jode con que nos cuidemos, acosándonos literalmente, y ella se relaja y ¡Pum! Se contagia. Pero creo que me molesta más esa postura de victimez del mexicano, en donde te tiras al suelo y quieres que los demás te apapachen en tu miseria, uno de los gustos culposos de este país.

Por fortuna en el grupo no entramos en el juego y le dijimos que no se dejara caer emocionalmente, así que fue a sus redes sociales a tirarse al suelo a ver si alguien si le hacía caso (que obviamente lo encontró en un país en donde es deporte nacional). Pero no sé por qué le hace tanto al cuento, ya que vacunó a toda tu familia, además que la variante actual es muy contagiosa pero con síntomas más leves, así que si antes tu posibilidad de morir era del 0.007% ahora es incluso menor.

Así que no tememos por su vida, ni ella debería, porque espero que haya aprendido la lección que uno acaba atrayendo ese tipo de cosas, y si se tira al suelo pensando que van a morir, pues es tentar mucho al universo para que te conceda el deseo.

El amor disfraza la fealdad

Dentro de los mensajes de año nuevo, casualmente, dos amigas (de manera separada, porque no se conocen) me enviaron fotos con sus hijas, que rondan los 20 años. Normalmente a esa edad uno tiene una belleza natural muy atractiva, pero no era el caso de las chamacas.

La verdad es que las chicas eran feas, lo cual es una verdadera lástima porque, como hombre, puedes darte el lujo de tener otras cualidades si eres feo, pero para la mujer es más difícil compensar esa fealdad ante la sociedad y ante potenciales parejas. Eso me recordó la foto de perfil de uno de mis colegas, en la cual tiene a sus hijas que también están feas.

Pero las hijas feas no eran lo único que compartían estos tres contactos míos, sino que los tres decían "¡Pero qué bella(s) es(son) mi(s) hija(s)!" y yo sólo podía pensar "Pues sólo a tus ojos".

Eso me recordó a una amiga de mi mamá, cuando vivíamos en el DF (ahora CDMX) que alguna vez les dijo a mis hermanos que eran muy guapos, mientras que a mí me dijo que "Vas a ser muy fuerte y formal" que fue otra manera de decirme feo. Nunca se lo tomé a mal, primero porque no le entendí (tendría yo unos 8 años) y después porque siempre he sido consciente que no soy guapo, así que no tenía por qué enojarme.

De hecho tuve la fortuna de conocer otros adultos que me lo corroboraban, durante mi niñez y adolescencia, de manera muy amable y hasta amorosa "Vas a ser alguien con mucho porte", "Vas a tener mucha personalidad", "Vas a ser un hombresote", "Vas a ser muy exitoso" y demás maneras de alabarme y hacerme sentir bien sin tener que mentir respecto a una inexistente guapura.

Sin embargo la exagerada de mi madre siempre ha dicho que todos sus hijos son guapos, y venga, que aunque quiera a mis hermanos, y a mi propia madre, sé que en nuestra familia ninguno es guapo, pero también la entiendo al querer demostrar su amor de manera incondicional.

Sólo espero que las hijas de mis contactos sean conscientes de sus realidades y que aprendan a sacarse provecho porque, si confían en las palabras de sus papás sobre su ficticia belleza física, alguien las va a desmentir eventualmente y puede ser que no sea de la mejor manera.

¡Ya déjala ir Gorda!

¡Cómo me caga la gente aprensiva!

Tengo una colega cuya madre murió de COVID hace un año, desde entonces ves sus estados de Whatsapp lamentándose de la partida de su progenitora, pero es constante, por lo menos un par de veces por semana. Y ya me dijeron que en redes sociales es mucho más intensa, redes que por fortuna ya no tengo. Obviamente la gente ya ni la pela o ya no recibe la misma atención que el inicio, así que es irrelevante para muchos.

Lo malo es que esta compañera tiene sus propios hijos (ella ya pasa de los 30 años) y, supongo yo, los niños captan todo el sufrimiento de su madre y, no hay que ser un genio para deducirlo, ese dolor no le hace bien a sus chamacos.

Y cada vez que veo alguno de sus mensajes de victima sólo me pongo a pensar "¡Ya déjala ir Gorda!" y es que no se da cuenta que ella tiene un papel más importante como madre de sus hijos, pero insiste en mantenerse en su papel de hija huérfana o abandonada, cuando ya es una mujer adulta que debe afrontar sus responsabilidades como madre y esposa.

Aunque no es mi problema lo lamento por los pobres de sus hijos, que no están aprendiendo mucho de cómo lidiar con el dolor (o los problemas) siendo adultos y sólo están asimilando el ejemplo tan patético de la madre.

Lo más probable es que también me toque vivir la muerte de mi mamá, y sé que le voy a llorar y me va a doler, pero también estoy consciente que va a pasar y, creo yo, no tengo asuntos pendientes vitales con ella, así que no creo estar dando espectáculos tan deplorables como los de mi compañera.

Y ahí es donde uno aprecia la utilidad de la terapia, porque un buen taller de tanatología no le caería mal a esta mujer para que ya deje de hacerse daño a ella, a su familia y al recuerdo de su madre.

Perdiendo el respeto

Estábamos echando desmadre en un chat grupal, cuando le hice una broma a una de las mujeres en él y se dio por ofendida. Personalmente no me parecía un tema tan grave, pero cuando capto que pudiera haber lastimado a alguien sin intención, de inmediato voy a arreglar el tema.

Le escribí para ofrecerle disculpas, pero ella me dijo que no me preocupara, que estaba jugando, pero yo sabía que no era así, y lo corroboré, porque otro del grupo la molestó con el mismo comentario y ella se volvió a enojar.

Y ahí perdió mi respeto esta mujer, por tener tan poco carácter y amor propio. Ella está en todo su derecho de molestarse por lo que quiera, y cuando le ofrecí una disculpa pudo haberme dicho sus razones y desahogarse al mentarme la madre, pero optó por no hacerlo. Y ahí conecté otros hechos con su pareja, el trabajo y otras ocasiones en donde se había callado y había permitido que la lastimaran.

De hecho, sigue en contacto con alguien nocivo, que muchos del grupo sacamos de nuestra vida, pero ella tiene tan poca presencia y determinación, que el otro manipulador mantiene "su amistad" y eso es algo que me incomoda. Y ya sé que no puedo decidir por ella quiénes son sus amigos y quiénes no, pero cuando es enemigo de muchos de tus amigos, creo que hay un punto en donde debes tomar bandos y no me gusta que nuestras platicas puedan terminar con el otro patán a través de ella.

Todos estos hechos me hicieron darme cuenta que no era quien decía ser porque se vende como fuerte, independiente y demás cualidades que, ahora veo, son un simple cuento.

La lógica me dicta que si no puedes defenderte y reclamar tu derecho, y alzar la voz cuando alguien te lastima, es que no eres alguien de fiar ¿Cómo sé que me vas a ser leal? Si no te preocupas por tu bienestar ¿por qué debería confiar en ti?

Conozco parte de su vida, con algunos acontecimientos muy fuertes que hubieran quebrado a cualquiera y, de hecho, estoy convencido que está quebrada por dentro y, como no se ha tomado el tiempo para sanar, esas heridas la siguen fastidiando.

Y vuelvo a lo mismo del caso anterior, ahí es donde uno ve la utilidad de la terapia, ya que si no aprendes a sanar esas heridas por dentro, eventualmente empiezan a manifestarse en tu vida exterior, y no te permiten avanzar de manera sana en otros aspectos de tu vida.

Para cerrar, son pocas las personas que considero mis verdaderas amistades y todas tienen algo en común: las respeto y admiro, porque tienen buenos valores y un alto grado de congruencia (que no siempre lo son, pero siempre lo intentan). No puedo considerar amigo o amiga a alguien que no me ofrezca menos de eso, porque también trato de pagarles con la misma moneda.

Dos de Enero del 2022

Comentarios finales

¡Ay las mujeres! Nos hacen la vida tan difícil como maravillosa, nos atormentan y nos apapachan, nos alegran y nos encabronan.

Sin duda un mundo en donde fueran tan sencillas y predecibles, como los hombres, sería más fácil en el cual vivir pero, al mismo tiempo, sería mucho más aburrido.

Muchas veces me han sacado de quicio las culeras pero, al mismo tiempo, me han dado mucha alegría con su simple existencia.

Y creo, por esa misma esencia tan cambiante y compleja, es que no pueden ser del todo felices, por lo menos no acceder a esa felicidad simple e infantil que uno tiene como hombre.

Como mencioné en uno de los escritos, lo que ellas quieren, o creen querer, está en constante cambio, así que es difícil, por no decir imposible, que alguna esté 100% satisfecha con lo que tiene porque, normalmente, quiere algo más que, normalmente, es algo inalcanzable o que simplemente no existe.

Pero ellas siguen en su jornada que, ciertamente, este mundo machista les ha tornado imposible pero, de igual manera, ellas también tienen una buena parte de responsabilidad en esa vida compleja que llevan.

Y es que, aunque digan lo contrario, no les gustan las cosas fáciles ni sencillas, porque no es divertido ni interesante; pareciera que si no les cuesta trabajo conseguirlo, entonces no les interesa.

Así que, al final, ésa es su maldición y bendición simultánea: tener una vida compleja, en donde nada es fácil porque, de lo contrario, se morirían de aburrimiento.

Es por ello que, aunque muchas veces me hayan hecho encabronar, en realidad estoy muy feliz de poder convivir con ellas, porque hacen mi vida más interesante, no siempre mejor, pero sí más profunda y con aprendizajes.

Hebert Gutiérrez Morales.